## EGMONT
*We bring stories to life*

Título original: *Guide to Redstone*

Primera edición: noviembre de 2017

Publicado originalmente en 2017 en el Reino Unido por Egmont UK Limited, The Yellow Building, 1 Nicholas Road, London W11 4AN.

De esta edición para Estados Unidos:
© 2017, Penguin Random House Grupo Editorial USA, LLC.
8950 SW 74th Court. Suite 2010. Miami, FL 33156

Escrito por Craig Jelley
Material adicional por Marsh Davies
Diseño: Joe Bolder y Andrea Philpots
Ilustraciones: Ryan Marsh
Diseño de cubierta: John Stuckey
Producción: Louis Harvey
Un agradecimiento especial para Lydia Winters, Owen Jones, Junkboy, Martin Johansson, Marsh Davies y Jesper Öqvist

© 2017 Mojang AB y Mojang Synergies AB
"Minecraft" es una marca registrada de Mojang Synergies AB
Todos los derechos reservados

## MOJANG

ISBN: 978-1-945540-92-9

Impreso en Malasia

**SEGURIDAD EN LÍNEA PARA LOS FANS MÁS JÓVENES**
¡Pasar tiempo en línea es muy divertido! A continuación algunas reglas para la seguridad de los jóvenes mientras navegan en la red:

- Nunca proporciones tu nombre real, no lo uses como nombre de usuario.
- Nunca des a nadie tu información personal.
- Nunca digas a nadie a qué escuela asistes, ni cuántos años tienes.
- Nunca des a nadie tu contraseña, excepto a tus padres o tutor legal.
- Toma en cuenta que en muchos sitios web debes tener 13 años o más para poder crear una cuenta. Antes de registrarte, siempre revisa la política del sitio y pide permiso a tus padres o tutor legal.
- Si algo te preocupa, habla con tus padres o tutor legal.

Cuando estés en línea mantente seguro. Todas las páginas web que aparecen en el libro fueron corroboradas al momento de esta impresión. No obstante, Egmont no se responsabiliza por el contenido publicado por terceros. Ten en cuenta que el contenido en línea puede estar sujeto a cambios, y que en dichas páginas puede haber contenido inapropiado para niños. Se aconseja supervisar a los niños mientras navegan en Internet.

Queda rigurosamente prohibida, sin autorización escrita de los titulares del copyright, bajo las sanciones establecidas por las leyes, la reproducción total o parcial de esta obra por cualquier medio o procedimiento, comprendidos la reprografía, el tratamiento informático, así como la distribución de ejemplares de la misma mediante alquiler o préstamo público.

# GUÍA DE:
## REDSTONE

# ÍNDICE

INTRODUCCIÓN · · · · · · · · · · · · · · · · · · · · · · · · · · · · · · · · · · · · · · · · · · · · 5

## 1. LO BÁSICO

DÓNDE SE LOCALIZA · · · · · · · · · · · · · · · · · · · · · · · · · · · · · · · · · · 8-11
FUENTES DE ENERGÍA DE REDSTONE · · · · · · · · · · · · · · · · · · · 12-19
MANIPULACIÓN · · · · · · · · · · · · · · · · · · · · · · · · · · · · · · · · · · · · 20-27
SALIDAS · · · · · · · · · · · · · · · · · · · · · · · · · · · · · · · · · · · · · · · · · · 28-37

## 2. CIRCUITOS BÁSICOS

CIRCUITOS RELOJ · · · · · · · · · · · · · · · · · · · · · · · · · · · · · · · · · · 40-47
CIRCUITO DE PULSOS · · · · · · · · · · · · · · · · · · · · · · · · · · · · · · · 48-55
TRANSMISIÓN VERTICAL · · · · · · · · · · · · · · · · · · · · · · · · · · · · · 56-63

## 3. ESTRUCTURAS MAYORES

ELEVADOR · · · · · · · · · · · · · · · · · · · · · · · · · · · · · · · · · · · · · · · · 66-71
LANZADERA · · · · · · · · · · · · · · · · · · · · · · · · · · · · · · · · · · · · · · · 72-77
PRENSA DE PISTONES · · · · · · · · · · · · · · · · · · · · · · · · · · · · · · · 78-83
LABORATORIO · · · · · · · · · · · · · · · · · · · · · · · · · · · · · · · · · · · · · 84-89
FARO DE REDSTONE · · · · · · · · · · · · · · · · · · · · · · · · · · · · · · · · 90-93
PALABRAS FINALES · · · · · · · · · · · · · · · · · · · · · · · · · · · · · · · · · 94-95

# INTRODUCCIÓN

Bienvenido a nuestra guía de redstone, sustancia que hace las veces de electricidad en el mundo de Minecraft. Tiende polvo de redstone como si fuera cableado eléctrico, añade algunos componentes, y podrás crear candados de combinación, activar catapultas o atrapar criaturas peligrosas. ¡Es poderosa y versátil! Tanto que, a menudo, nos quedamos con la boca abierta al ver lo que la comunidad hace con ella, desde editores de *pixel-art* hasta robots andantes. Esperamos que esta guía eche a volar tu imaginación y te permita construir la siguiente estructura que nos deje embobados.

**MARSH DAVIES**
**EQUIPO MOJANG**

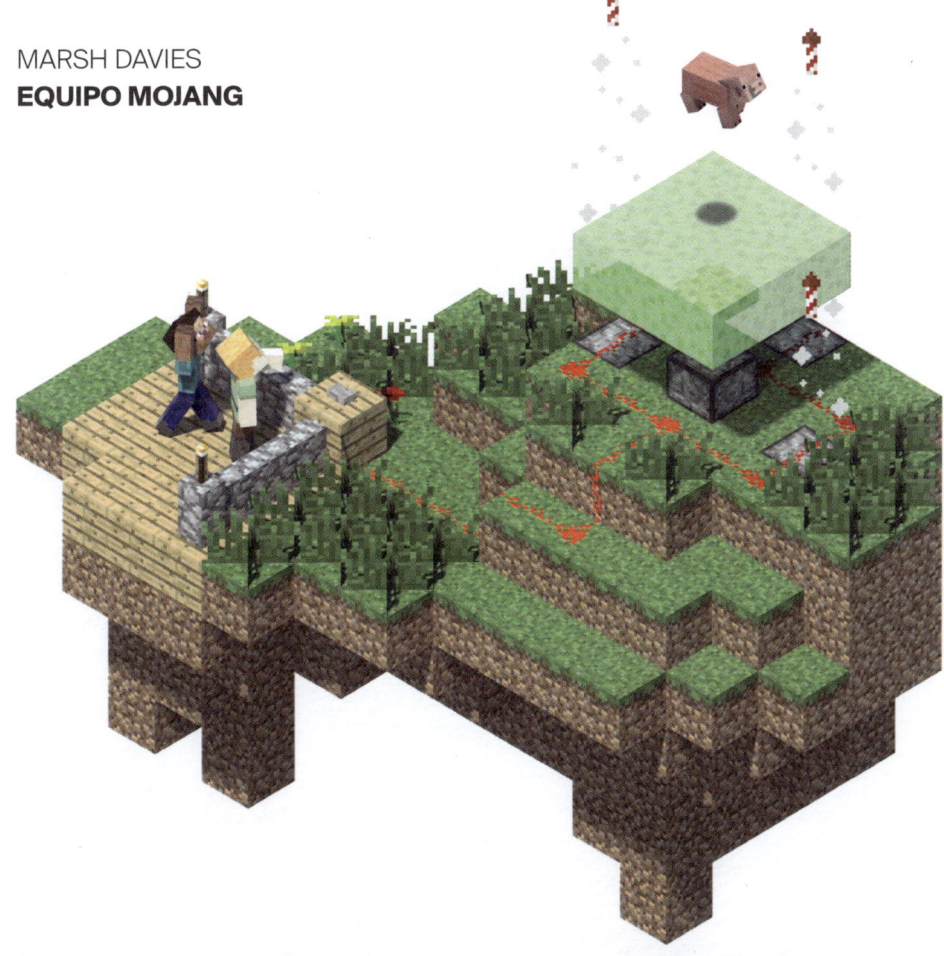

# LO BÁSICO

Antes de empezar a construir estructuras fabulosas, analizaremos diversos componentes de redstone, sus funciones y las maneras en que se aplican en estructuras simples que podemos construir de inmediato. Esta información te permitirá convertirte en un auténtico experto de la redstone y construir dispositivos impresionantes.

# DÓNDE SE LOCALIZA

La redstone es una sustancia misteriosa que proporciona energía a todo tipo de mecanismos. En su forma más básica es una mena subterránea que puede transformarse en polvo de redstone para usarse en circuitos. También es indispensable para fabricar componentes de redstone.

## LOCALIZACIÓN
Para encontrar redstone deberás concentrar tus esfuerzos en ciertas áreas del mundo tradicional donde se genera naturalmente.

**1** Hay polvo de redstone en las mansiones del bosque pero los mortíferos aldeanos protegen los cofres donde se encuentra.

MENA DE REDSTONE

POLVO DE REDSTONE

### CONSEJO
Extrae la mena de redstone con un pico encantado con toque de seda para que suelte el objeto redstone. Entonces funde la mena en bloque para producir polvo de resdstone.

**2** Al derrotarlas, las brujas sueltan pilas de hasta seis unidades de redstone. Búscalas en el bioma pantano.

**3** También puedes encontrar polvo de redstone en los cofres de estructuras generadas de manera natural: mazmorras, fortalezas y minas abandonadas.

**4** Las menas se generan a una distancia de 1 a 16 bloques de la capa de piedra base. Sueltan 4-5 unidades de polvo de redstone.

# POLVO DE REDSTONE

¿Qué es lo que hace en realidad el polvo de redstone? Bueno, tiene la capacidad de transmitir una señal de redstone desde una fuente de energía hasta un componente de redstone, lo que permite crear un número prácticamente infinito de mecanismos y circuitos. ¡Es muy útil en verdad!

Al tenderlo, el polvo de redstone permanece inmóvil en el piso y es de color rojo oscuro. Cuando se activa adquiere un brillo color rojo vivo y emite partículas. Una señal de redstone viaja un máximo de 15 bloques, a menos que se la refuerce en el camino.

**DESACTIVADO**     **ACTIVADO**

## CÓMO SE COMPORTA

Su comportamiento básico consiste en interactuar con la redstone de bloques adyacentes: estirarse y conectarse con ella.

Si se la coloca junto a una línea existente de redstone, se torcerá y formará una curva en el circuito.

Si se tiende a ambos lados de una línea existente, ésta se bifurcará y permitirá que la señal de redstone se divida.

Una señal dividida puede unirse de nuevo formando un circuito con más polvo de redstone.

 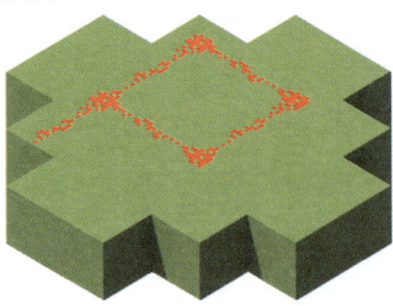

Si se tiende más redstone dentro de los circuitos se forman redes, las cuales dan energía a varios bloques simultáneamente.

La redstone puede conectarse con redstone colocada a un nivel más arriba o más abajo, y formar circuitos, curvas y redes.

## LOS TICKS Y EL TIEMPO

En Minecraft, el tiempo se mide en «ticks». Hay 20 ticks en cada segundo. Las señales de redstone se miden de la misma manera. En este libro encontrarás con frecuencia las expresiones «tick de redstone» o simplemente «tick». Un tick de redstone equivale a dos ticks del juego, esto es, en cada segundo hay 10 ticks de redstone. Lo más importante que debes saber es que mientras más bajo sea el número de ticks, más rápido viajará la señal de redstone.

## ENERGÍA Y FUERZA

En este libro hablaremos a menudo de la fuerza de una señal de redstone. La fuerza se mide del 1 (la mínima) al 15 (la máxima), y depende de la fuente de energía que esté usándose. Más adelante aprenderás de qué manera se producen las distintas señales y cómo puedes modificarlas.

# FUENTES DE ENERGÍA DE REDSTONE

Existen muchas maneras de proporcionar energía a un circuito. Cada fuente de energía ofrece una fuerza de señal distinta y diferentes capacidades de interacción con otros componentes. Analicemos cuáles son tus opciones.

## ACTIVADOR MANUAL

Las fuentes de energía más sencillas son los botones y las palancas, que se fabrican fácilmente con madera o piedra. Deben ser activadas manualmente por un jugador, y pese a su sencillez, tienen particularidades que las hacen idóneas para distintos tipos de estructuras.

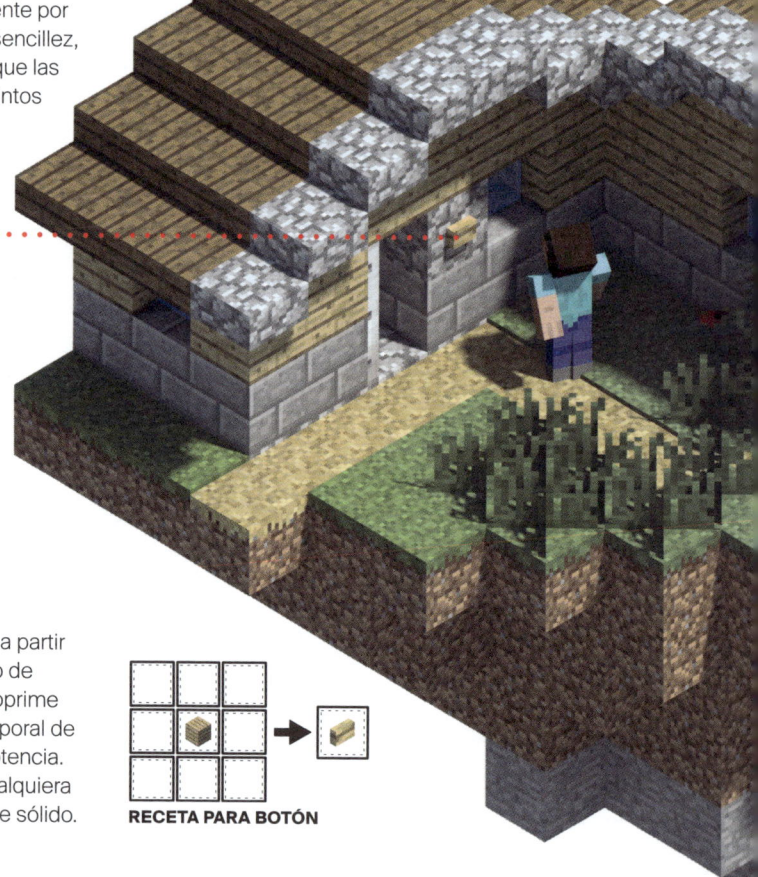

Obsérvese el uso más simple del botón: cuando se le oprime envía energía a través del bloque sólido sobre el que está montado y abre la puerta de hierro, manteniéndola así brevemente.

### BOTÓN

Los botones se fabrican a partir de un bloque de piedra o de madera. Cuando se les oprime producen una señal temporal de redstone a la máxima potencia. Pueden colocarse en cualquiera de los lados de un bloque sólido.

**RECETA PARA BOTÓN**

## PALANCA

Se fabrica con un palo y una roca. También produce señales de redstone a la máxima potencia pero, a diferencia del botón, la palanca se puede encender y apagar. Esto permite controlar el paso de la señal de redstone.

**RECETA PARA PALANCA**

En este ejemplo, la palanca abre la trampilla del bloque adyacente. Ésta permanecerá abierta hasta que la palanca sea activada de nuevo.

# ACTIVADORES DE TRAMPAS

Estas fuentes de energía son perfectas para quienes gustan de construir trampas disimuladas. Algunas parecen inofensivas, mientras que otras son completamente indetectables. Cuando tu víctima se dé cuenta de que ha activado tu ingenioso mecanismo, será demasiado tarde.

## PLACAS DE PRESIÓN

Las placas de presión se fabrican a partir de madera o de piedra, y también se usan en otros tipos de estructuras. Envían una señal temporal de redstone a la máxima potencia a través de bloques sólidos o de componentes de redstone. Se activan cuando un jugador o una criatura las pisa, aunque las de madera también emiten una señal cuando un objeto cae sobre ellas.

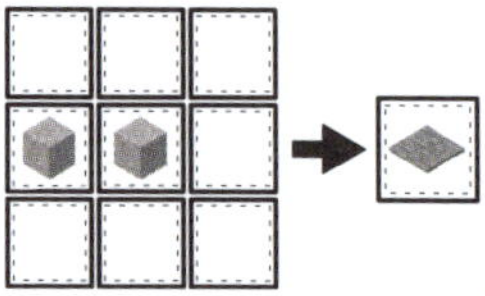

**RECETA PARA PLACA DE PRESIÓN**

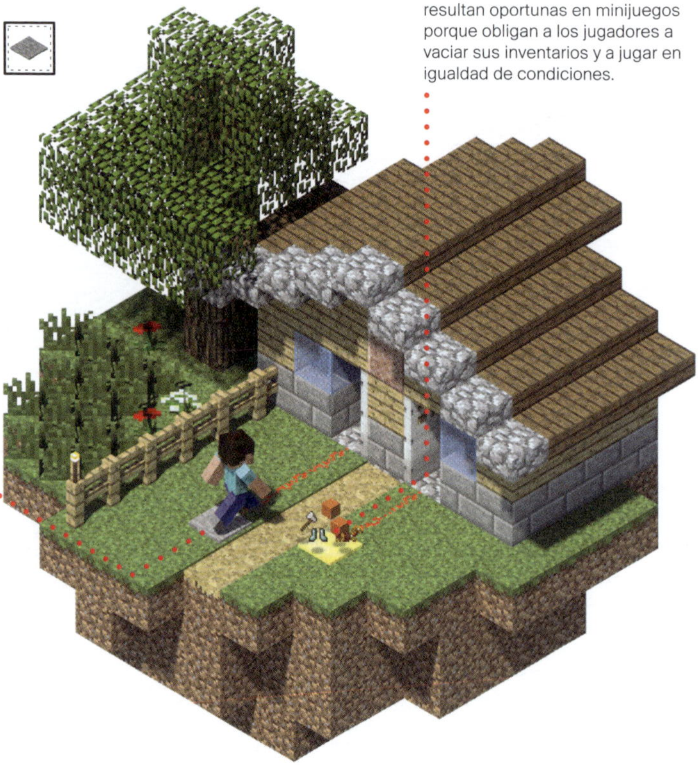

Las placas de presión por peso resultan oportunas en minijuegos porque obligan a los jugadores a vaciar sus inventarios y a jugar en igualdad de condiciones.

Esta placa de presión de piedra está unida a la puerta mediante polvo de redstone, y se abrirá tan pronto un jugador se acerque.

## PLACAS DE PRESIÓN POR PESO

Hay de dos clases: ligeras (hechas de lingotes de oro) y pesadas (hechas de lingotes de hierro). La fuerza de su señal dependerá del número de «entidades» que tengan encima (jugadores, criaturas, recompensas). La placa ligera requiere 57 objetos para producir una señal de máxima potencia, mientras que la pesada necesita al menos 598 para lograrlo.

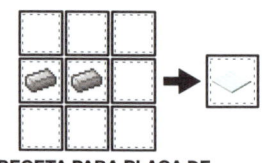

**RECETA PARA PLACA DE PRESIÓN POR PESO (PESADA)**

## CUERDA DE TRAMPA

Es idónea ya que es casi invisible. Los ganchos de cuerda deben estar unidos con hilo pero pueden colocarse a una distancia de hasta 40 bloques. Cuando una criatura o un jugador rompe la cuerda, cada gancho emite una señal de máxima potencia a los bloques adyacentes.

Las cuerdas de trampa no se rompen cuando están activadas, por lo que resultan perfectas para un sistema de seguridad. Si las conectas con lámparas de redstone te alertarán cuando alguien entre en tu base.

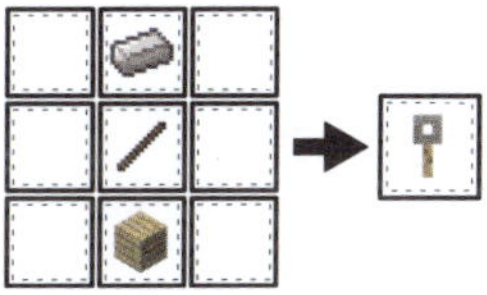

**RECETA PARA GANCHO DE CUERDA**

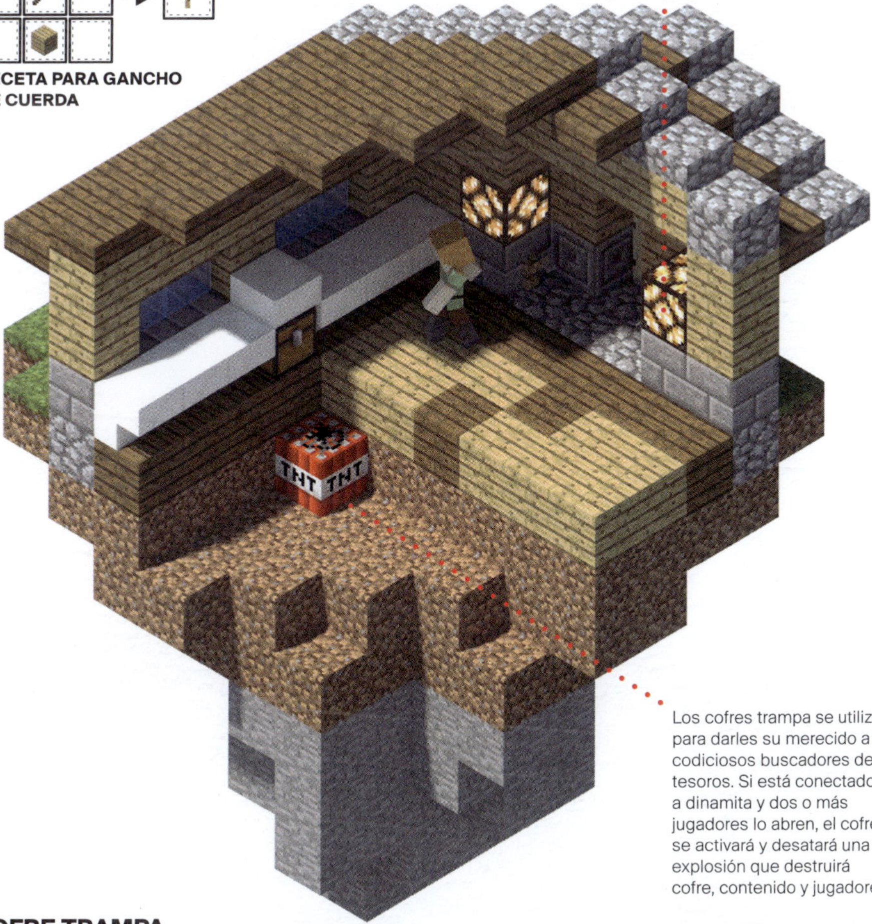

Los cofres trampa se utilizan para darles su merecido a los codiciosos buscadores de tesoros. Si está conectado a dinamita y dos o más jugadores lo abren, el cofre se activará y desatará una explosión que destruirá cofre, contenido y jugadores.

## COFRE TRAMPA

Es prácticamente idéntico al cofre común, excepto por un área roja alrededor de la cerradura. Puede usarse para almacenaje, siempre y cuando se desactiven sus trampas de redstone antes de abrirlo. La fuerza de su señal depende de cuántas personas estén mirando su contenido: mientras más personas haya tratando de saquear el cofre, más potente será la señal.

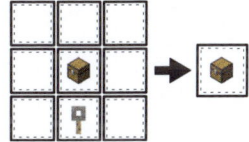

**RECETA DE COFRE TRAMPA**

# ACTIVADORES CONSTANTES

Habrá ocasiones en que necesitarás fuentes de energía que generen una señal sin necesidad de interactuar con ellas. Para eso sirven los generadores constantes, los cuales están encendidos de manera permanente, o bien modifican su señal en función de factores externos.

## ANTORCHA DE REDSTONE

Además de ser una fuente de iluminación, estas antorchas producen una señal de redstone a la máxima potencia. Si se colocan invertidas en un circuito, mantendrán su estado inactivo.

Si se coloca una antorcha debajo de otra, la señal se invertirá y apagará la antorcha de arriba. Las antorchas pueden colocarse en los lados de los bloques para alimentar bloques sólidos ubicados encima o componentes colocados horizontalmente en bloques adyacentes.

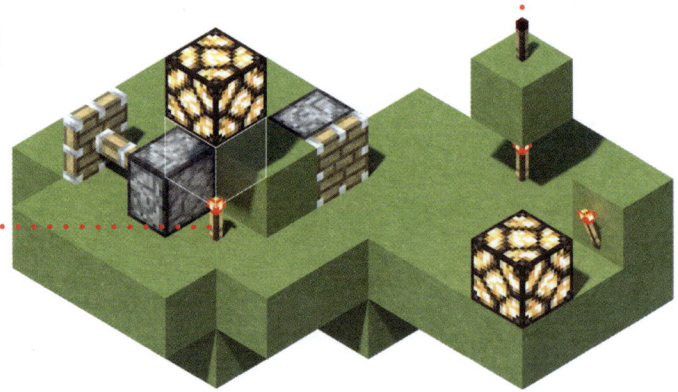

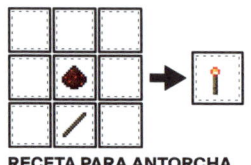

**RECETA PARA ANTORCHA DE REDSTONE**

La señal de redstone puede viajar hacia arriba a través de bloques sólidos, o proporcionar energía a componentes de redstone adyacentes. Sin embargo, no puede viajar a través de bloques sólidos colocados al lado de la antorcha.

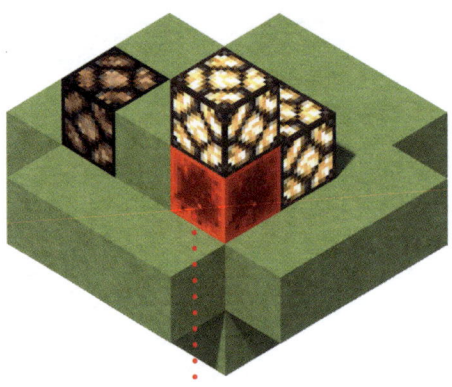

## BLOQUES DE REDSTONE

Están formados por nueve unidades de polvo de redstone, mismas que sueltan al romperlos. Por ello son útiles para almacenar excedentes de redstone. Dan energía a componentes de redstone colocados en bloques adyacentes en cualquier dirección, así como a mecanismos como puertas y pistones.

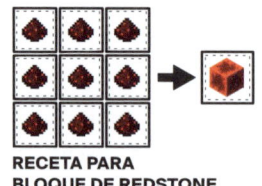

**RECETA PARA BLOQUE DE REDSTONE**

El bloque de redstone alimenta consistentemente dos lámparas de redstone, una colocada al lado y otra arriba. El bloque de redstone no transmite energía a bloques sólidos adyacentes; asimismo, desactiva otras fuentes de energía (como antorchas).

16

## SENSOR DE LUZ SOLAR

Los sensores de luz solar producen energía de intensidad variable en función de la luz solar: más intensa de día y menos de noche, aunque el clima también influye en ellos. Es posible invertirlos mediante interacción con el bloque, de manera que produzcan más energía cuando está oscuro.

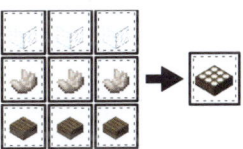

**RECETA PARA SENSOR DE LUZ SOLAR**

Los sensores de luz solar son útiles para construir sistemas automáticos de iluminación. En esta habitación hay dos sensores, uno normal y otro invertido, conectados a las lámparas de redstone. En todo momento estará encendida al menos una de ellas.

# OBSERVADORES

El bloque observador es el más reciente de los componentes de redstone. Emite una señal al detectar una actualización en el bloque que monitoriza. Puede reemplazar la DAB (detección de actualización de bloques), la cual es muy compleja y limitada en su detección de actualizaciones.

## CARAS DEL BLOQUE

El observador tiene dos caras funcionales: la del observador, que monitoriza el bloque que tiene delante, y la de salida, que transmite una señal de redstone en la dirección opuesta. Los observadores pueden monitorizar bloques ubicados en cualquier dirección.

El observador está hecho de roca, polvo de redstone e infracuarzo. No lo afectan otras fuentes de redstone, por lo que no es posible invertirlos como a las antorchas. Al activarse emite una señal de redstone a la máxima potencia.

**CARA DEL OBSERVADOR**

**CARA DE SALIDA**

**RECETA PARA OBSERVADOR**

## GAMA DE DETECCIONES

¿Qué es exactamente lo que detectan los observadores? Entre otras cosas, si un riel propulsor se activa, si un pistón se alarga, o si la hierba está extendiéndose a la tierra (o viceversa). En este ejemplo, cuando el sensor de luz solar se invierte o percibe un cambio en la iluminación, el observador lo detecta y alimenta el circuito. Como resultado, el bloque musical emite un sonido.

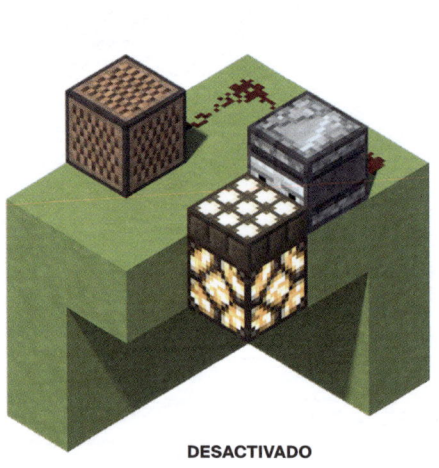
**DESACTIVADO**

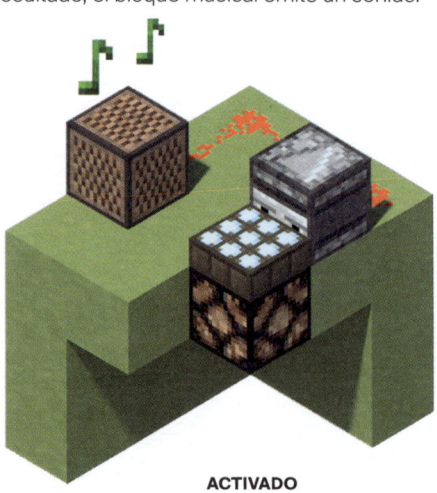
**ACTIVADO**

## OBSERVADORES QUE SE ACTUALIZAN

Es posible mover observadores dentro de un circuito. Si un pistón los desplaza, ellos lo percibirán como una actualización de bloque, pero emitirán su señal hasta alcanzar su nueva posición.

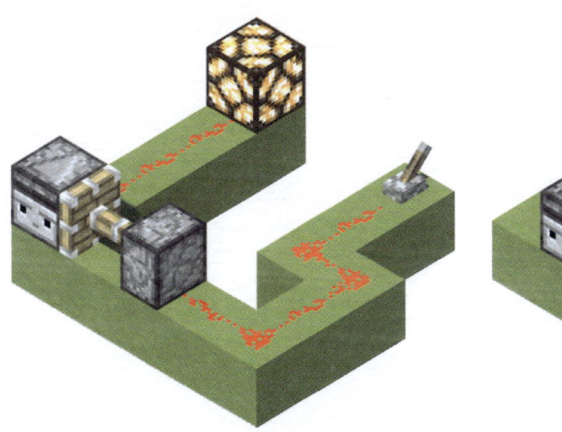
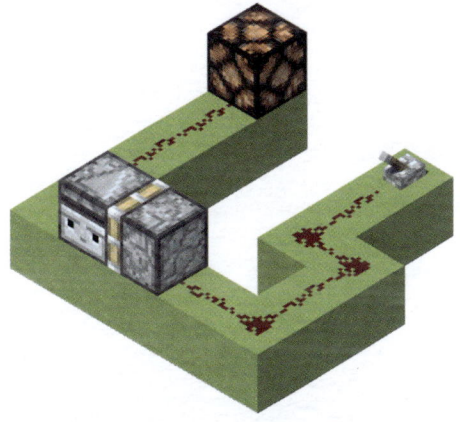

## CIRCUITO DAB

Hay actualizaciones de bloques que los observadores no pueden detectar. En esos casos deberás usar un circuito DAB. Éste detecta, entre otras cosas, si un horno está fundiendo, si hay cambios de intensidad en una señal redstone, o si se ponen o quitan bloques, como la mesa de trabajo en el ejemplo de abajo.

### SECRETOS MOJANG

Los circuitos DAB se basan en un error del programa. Los usuarios lo llamaron «cuasiconexión», y les resultó tan útil que lo adoptamos como una función oficial del juego.

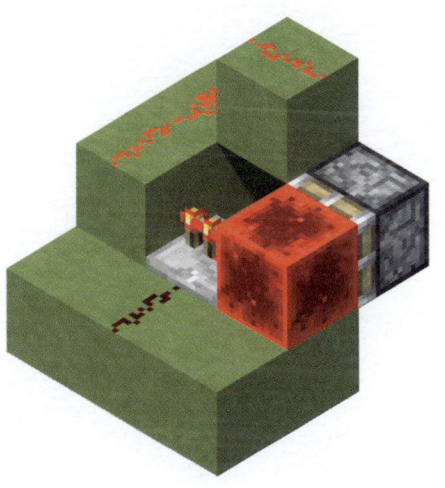
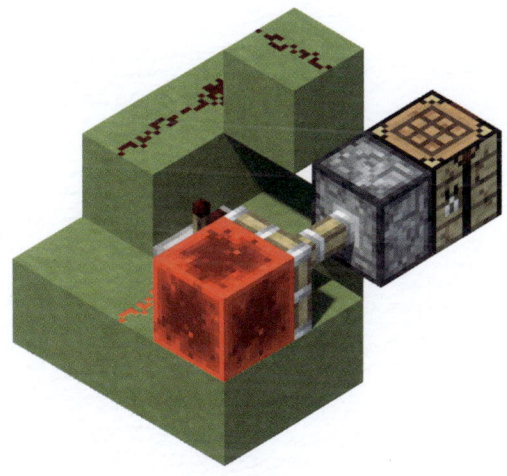

# MANIPULACIÓN

Ya vimos que hay muchas maneras de suministrar energía a un circuito, pero eso es sólo el comienzo. Los bloques que analizaremos en esta sección manipulan la intensidad y el flujo de la señal, determinan la velocidad a la que viaja, e incluso influyen en elementos hechos de materiales distintos.

## REPETIDORES

Ya sabes suministrar energía a los circuitos. A continuación aprenderás a utilizar bloques para adaptar esos circuitos a tus necesidades. El primer bloque que necesitarás es el repetidor de redstone, que puedes ver a la derecha.

ACTIVADO    DESACTIVADO

### FUNCIONES DEL REPETIDOR

**1**

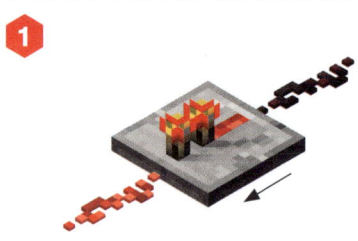

Los repetidores pueden devolver a las señales su potencia máxima.

**2**

Pueden combinarse con otros repetidores para formar «pestillos» en los circuitos.

**3**

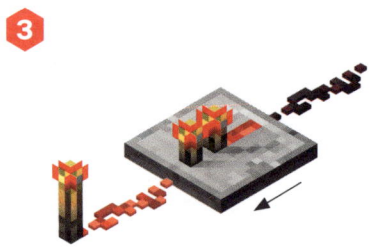

Hacen que las señales se muevan en una sola dirección dentro del circuito.

**4**

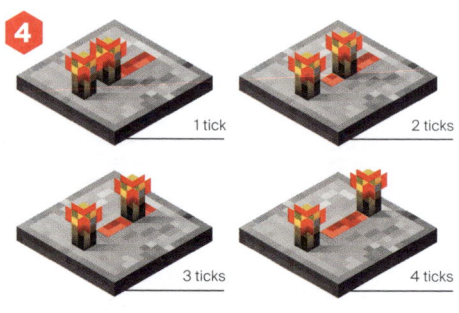

Pueden retrasar las señales por 1-4 ticks según su configuración.

## USO DE LOS REPETIDORES

Veamos cómo aplicar estas funciones para crear circuitos capaces de realizar distintas tareas. A medida que avances en el libro, verás cómo se aplican las funciones de los repetidores en estructuras reales.

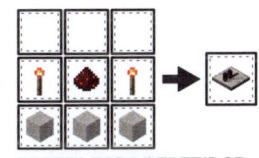

**RECETA PARA REPETIDOR DE REDSTONE**

### 1. AMPLIFICACIÓN

Coloca un repetidor en el bloque número quince de un circuito, lugar donde la señal llega a su potencia mínima (1). El repetidor amplificará la señal y restaurará su potencia máxima (15).

### 2. CIERRE O PESTILLO

Las dos lámparas se encienden con la misma palanca. Cuando activas uno de los repetidores que están de costado (accionando la palanca que está a su izquierda), el repetidor adyacente se cierra y bloquea el paso de la señal.

### 3. MOVIMIENTO UNIDIRECCIONAL

Cuando el circuito está activo y se acciona la palanca, la señal permanece en el lado izquierdo del circuito, esto provoca que el pistón jale al otro. Los repetidores evitan que la señal pase al lado derecho del circuito.

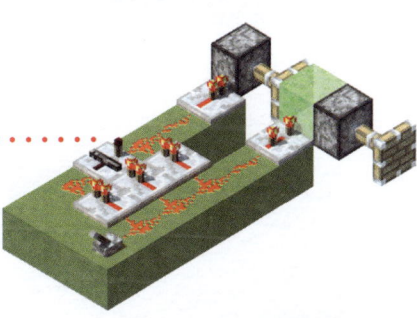

### 4. RETRASO DE SEÑAL

Al accionar la palanca, la lámpara derecha se enciende primero. El circuito que va a la izquierda tiene un repetidor configurado a 4 ticks, el cual retrasa la señal y permite la activación escalonada.

# COMPARADORES DE REDSTONE

El comparador de redstone es un componente que compara hasta tres señales de redstone y emite una señal con base en ellas. Como verás, en la parte superior tiene tres antorchas de redstone y una flecha que señala la dirección de la salida. Las antorchas de la parte posterior indican si está emitiendo una señal, y la de enfrente indica en qué modalidad se encuentra.

El comparador tiene dos modalidades que se alternan mediante interacción con el bloque: si la antorcha está apagada, está en modalidad de comparación, que compara la señal de la entrada posterior con las de las entradas laterales; si la antorcha está encendida, está en modo de sustracción, que sustrae la potencia de las entradas laterales a la de la entrada posterior.

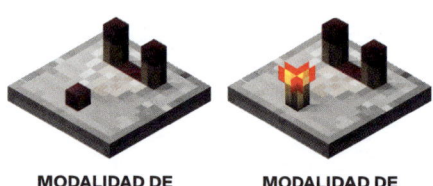

MODALIDAD DE COMPARACIÓN

MODALIDAD DE SUSTRACCIÓN

## FUNCIONES DEL COMPARADOR

**1**

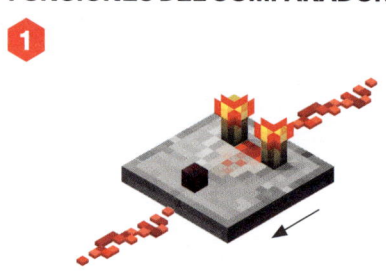

Mantiene la potencia de la señal que recibe y emite una señal de la misma fuerza.

**2**

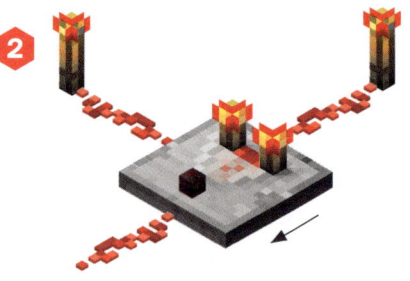

El comparador compara la señal de la entrada posterior con la señal de la entrada lateral.

**3**

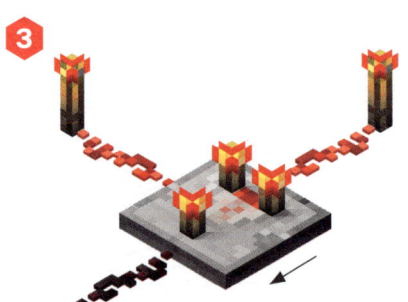

En modalidad de sustracción, su emisión es igual a la señal posterior menos la lateral.

**4**

Detectan qué tan lleno está un contenedor y emiten una señal conforme a ello.

## USO DE LOS COMPARADORES

El comparador es tan útil y versátil como el repetidor. En los ejemplos siguientes verás en acción cada una de sus funciones. Más adelante conocerás más sobre cómo trabajan estos componentes.

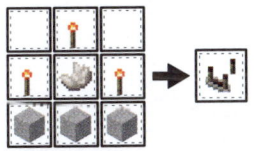

**RECETA PARA COMPARADOR DE REDSTONE**

### 1 CONSERVACIÓN DE SEÑAL

El comparador y el repetidor están en la misma posición en las líneas paralelas del circuito. El comparador no incrementa la potencia de la señal, que no alcanza a encender la lámpara.

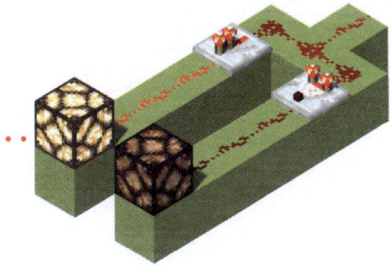

### 2 COMPARACIÓN DE SEÑALES

Si la señal que entra por el costado del comparador es más débil que la que llega por detrás, la señal se mantiene y sale por delante. Si la señal lateral es más fuerte, no se producirá salida. Este bloque puede comparar hasta dos entradas, una de cada lado del comparador.

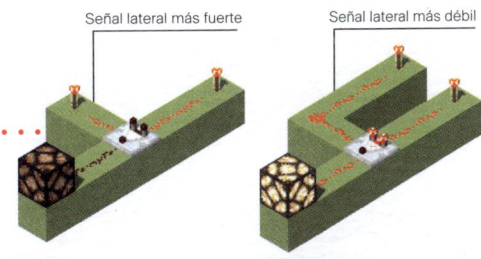

Señal lateral más fuerte | Señal lateral más débil

### 3 SUSTRACCIÓN DE SEÑALES

En la modalidad de sustracción, la potencia de la señal lateral se sustrae a la potencia de la señal trasera. En el ejemplo, la señal de salida está mermada y no alcanza a encender la lámpara. Este bloque puede sustraer hasta dos entradas, una de cada lado del comparador.

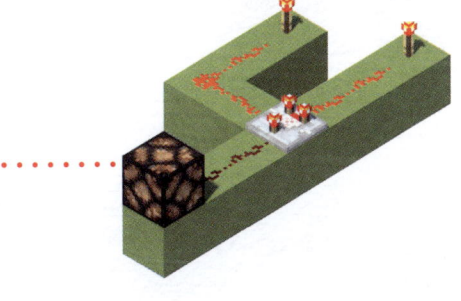

### 4 CÁLCULO DE ALMACENAJE

Los comparadores estiman el contenido de cada cofre. Si un cofre está lleno de pilas de 64 objetos, emiten una señal de máxima potencia; si están vacíos, no emiten señal alguna.

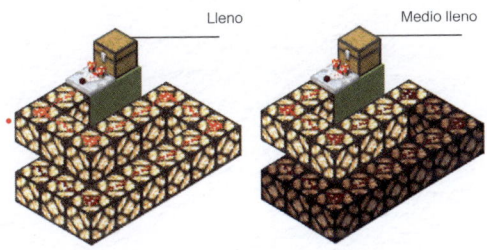

Lleno | Medio lleno

# PISTONES, PISTONES ADHESIVOS Y BLOQUES DE SLIME

Ahora que ya conoces lo básico de los circuitos de redstone, veremos cómo puedes utilizarlos para mover bloques. Con ayuda de pistones y de bloques de slime, tus circuitos serán capaces de empujar bloques, jalarlos, arrastrarlos, romperlos e incluso lanzarlos por los aires.

## PISTÓN

Su función principal es mover bloques dentro de un circuito. Al activarse, la cabeza del pistón se extiende y empuja el bloque que tiene delante a una distancia de un espacio para bloque. Cuando la señal se interrumpe, la cabeza se retrae a su posición original.

**DESACTIVADO**   **ACTIVADO**

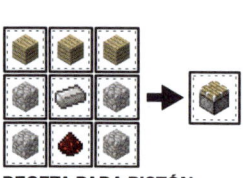

**RECETA PARA PISTÓN**

## PISTÓN ADHESIVO

Los pistones pueden empujar hasta 12 bloques a la vez. Los pistones adhesivos son todavía más útiles: al extenderse se adhieren al bloque y al retraerse lo jalan. Abajo puedes ver esta característica en acción.

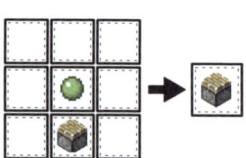

**RECETA PARA PISTÓN ADHESIVO**

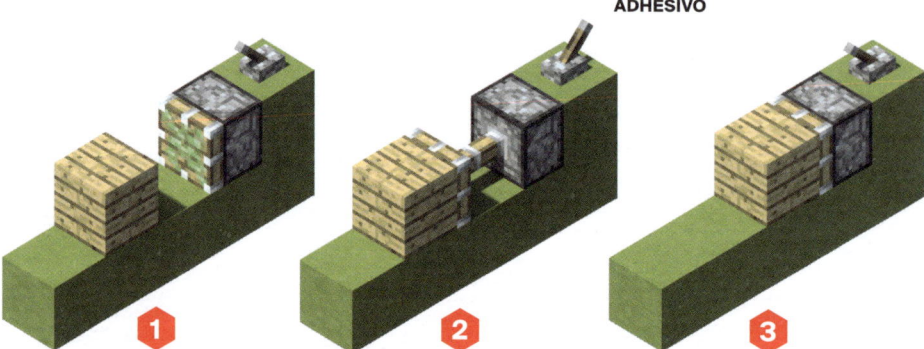

24

## BLOQUE DE SLIME

Se fabrican a partir de bolas de slime y se utilizan para agarrar y mover bloques. Por ser traslúcidos se les trata como bloques transparentes, pero a diferencia de éstos, a los bloques de slime se les pueden poner bloques sólidos encima.

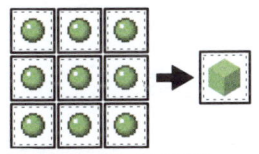

**RECETA PARA BLOQUE DE SLIME**

Los bloques de slime son elásticos. Pueden usarse para lanzar objetos o entidades por los aires, o para construir, junto con pistones, poderosos mecanismos de empuje.

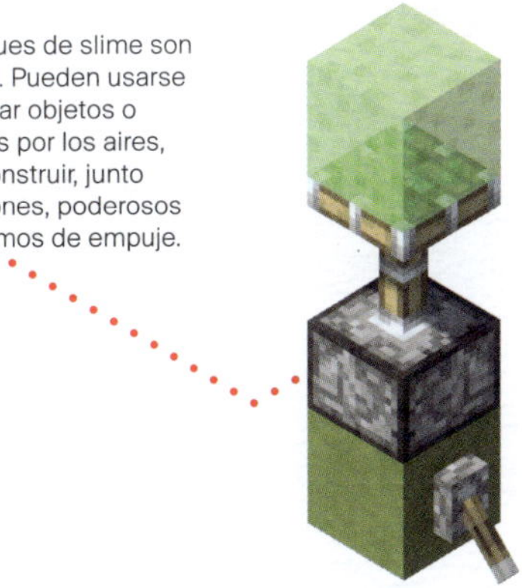

Su adhesividad le permite agarrar bloques adyacentes y empujarlos o jalarlos, siempre que no sean más de 12. Gracias a que puede agarrar bloques con cualquiera de sus lados, un bloque de slime unido a un pistón ofrece muchas más posibilidades que los pistones adhesivos.

## OBSIDIANA

Algunos bloques de Minecraft tienen gran resistencia a las explosiones; otros son imposibles de mover con pistones o con bloques de slime. La obsidiana posee ambas cualidades, por lo que será una herramienta muy útil en tu arsenal de redstone.

**ANTES**            **DESPUÉS**           **ANTES**            **DESPUÉS**

La obsidiana es particularmente útil en estructuras donde hay riesgo de que los bloques de slime o los pistones adhesivos muevan elementos críticos del circuito de redstone. Las imágenes de arriba muestran qué ocurre al usar obsidiana en vez de arcilla con un bloque adhesivo de slime.

# PASAJE SECRETO CON PISTÓN

Ahora que conoces varios componentes de redstone, vas a construir tu primera estructura: un pasaje secreto activado por pistones adhesivos. Puedes utilizarlo para disimular la entrada a un tesoro oculto o a una mina supersecreta.

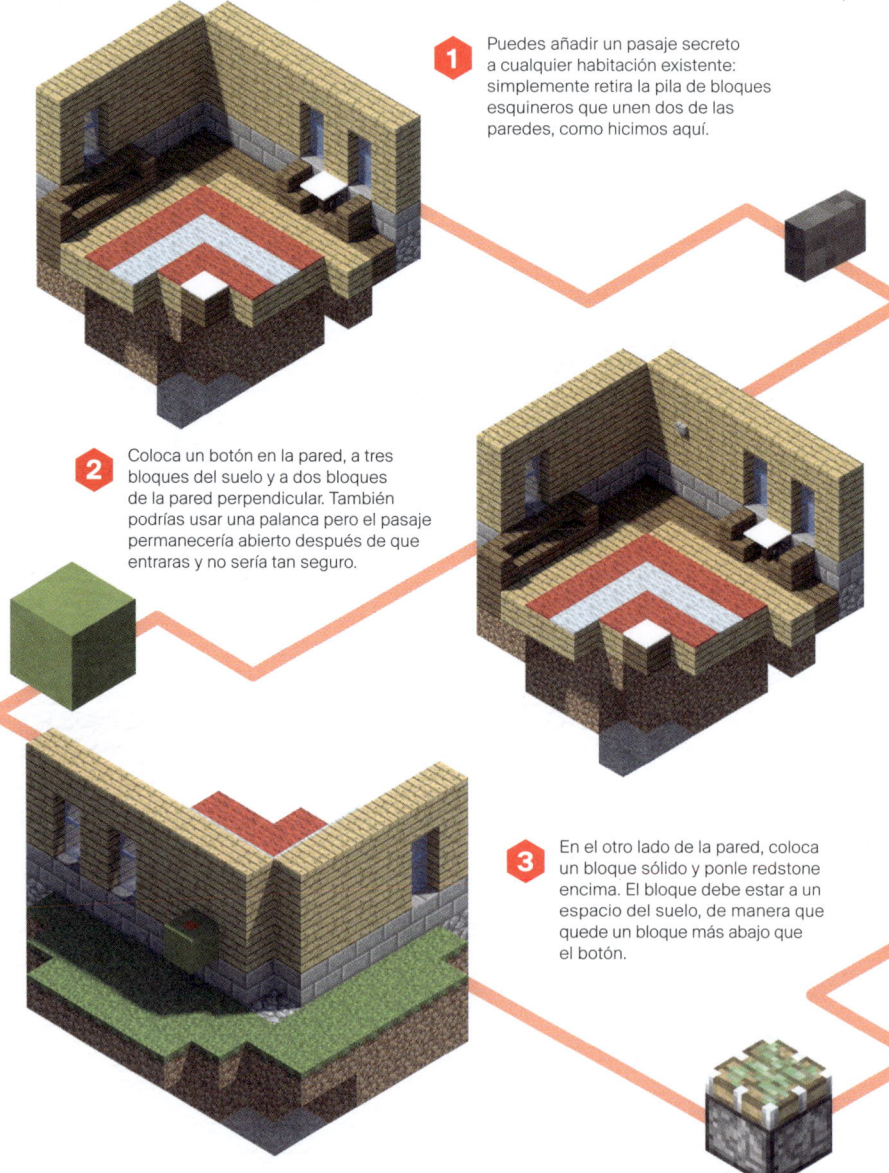

**1** Puedes añadir un pasaje secreto a cualquier habitación existente: simplemente retira la pila de bloques esquineros que unen dos de las paredes, como hicimos aquí.

**2** Coloca un botón en la pared, a tres bloques del suelo y a dos bloques de la pared perpendicular. También podrías usar una palanca pero el pasaje permanecería abierto después de que entraras y no sería tan seguro.

**3** En el otro lado de la pared, coloca un bloque sólido y ponle redstone encima. El bloque debe estar a un espacio del suelo, de manera que quede un bloque más abajo que el botón.

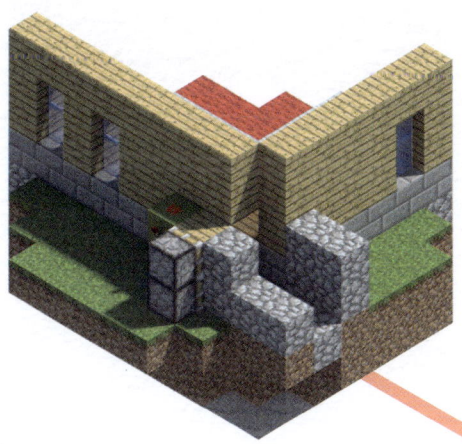

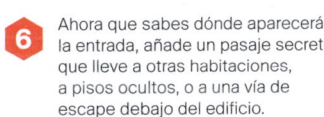 Ahora que sabes dónde aparecerá la entrada, añade un pasaje secreto que lleve a otras habitaciones, a pisos ocultos, o a una vía de escape debajo del edificio.

**5** ¡El mecanismo está listo! Cuando oprimas el botón se activará el polvo de redstone que está tras la pared; éste invertirá la antorcha y desactivará los pistones, que se retraerán y jalarán los bloques de la pared, dejando a la vista el pasaje.

**4** Coloca una antorcha de redstone al frente del bloque sólido. Luego, coloca dos pistones adhesivos junto a la antorcha, superpuestos y de cara a la pared. Los pistones se activarán y tocarán la pared.

27

# SALIDAS

Ya sabemos suministrar energía a los circuitos de redstone y controlar lo que hacen; ahora veremos qué pueden producir. Muchas funciones de los pistones podrían considerarse de salida, pero hay bloques especializados en los efectos que pueden producir. Son los que veremos en esta sección.

## DISPENSADORES, SOLTADORES Y TOLVAS

El primer grupo de componentes de salida incluye dispensadores, soltadores y tolvas. Todos ellos pueden almacenar objetos y moverlos de diferentes maneras y con distintos fines.

### DISPENSADORES
Están hechos de roca, un arco y polvo de redstone. Pueden almacenar nueve pilas de objetos y expulsarlos en cualquier dirección. En algunos casos, esos objetos saldrán activados.

Los dispensadores se activan una sola vez luego de un retraso de dos ticks, y deben activarse reiteradamente para producir repetición. También tiene un tick de retraso al reactivarse.

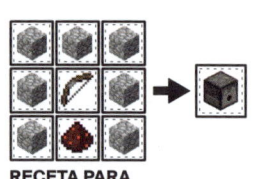
**RECETA PARA DISPENSADOR**

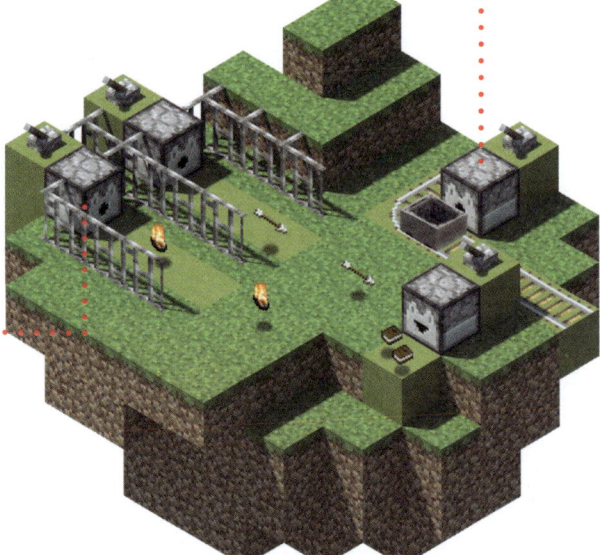

Los dispensadores se pueden usar para disparar flechas y bolas de fuego, despachar vagonetas en los rieles y colocar bloques como calabazas iluminadas.

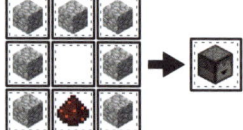
**RECETA PARA SOLTADOR**

### SOLTADORES
Se llaman así porque sueltan objetos tal como lo hacen los inventarios. A diferencia de los dispensadores, no activan objetos; simplemente los lanzan hacia adelante.

Tanto el dispensador como el soltador tienen una interfase con nueve espacios para almacenar objetos. Sin embargo, no puede elegirse el espacio para salida: si hay varios tipos de objetos en un espacio, expulsarán uno elegido aleatoriamente. Las tolvas sólo cuentan con cinco espacios.

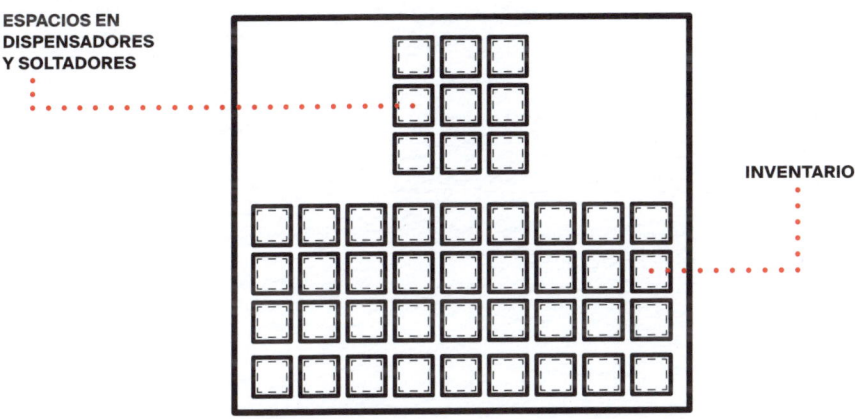

**ESPACIOS EN DISPENSADORES Y SOLTADORES**

**INVENTARIO**

## TOLVAS

Al igual que los soltadores, sólo pueden mover objetos. La tolva tiene una función distintiva que consiste en transferir elementos de un objeto a otro. Esto puede servir para recolectar recompensas en una cueva infestada de criaturas, o para trasladar objetos de un cofre a otro.

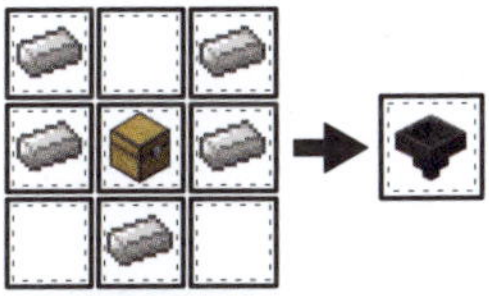

**RECETA PARA TOLVA**

**SALIDA POR DEFECTO**

**SALIDA LATERAL**

Las tolvas pueden encenderse y apagarse, aunque por defecto están prendidas. Una tolva encendida expulsará los objetos que caigan en ella por el tubo inferior; una apagada almacenará los objetos. El tubo de salida apunta hacia abajo pero puedes acoplarlo al costado de otros objetos si te agachas al colocarlo.

# EXHIBICIÓN DE FUEGOS ARTIFICIALES

Vamos a utilizar nuestros conocimientos de los dispensadores para montar una exhibición automática de fuegos artificiales. Esta estructura utiliza también repetidores que envían una señal retrasada a ciertos dispensadores, lo que da como resultado explosiones escalonadas.

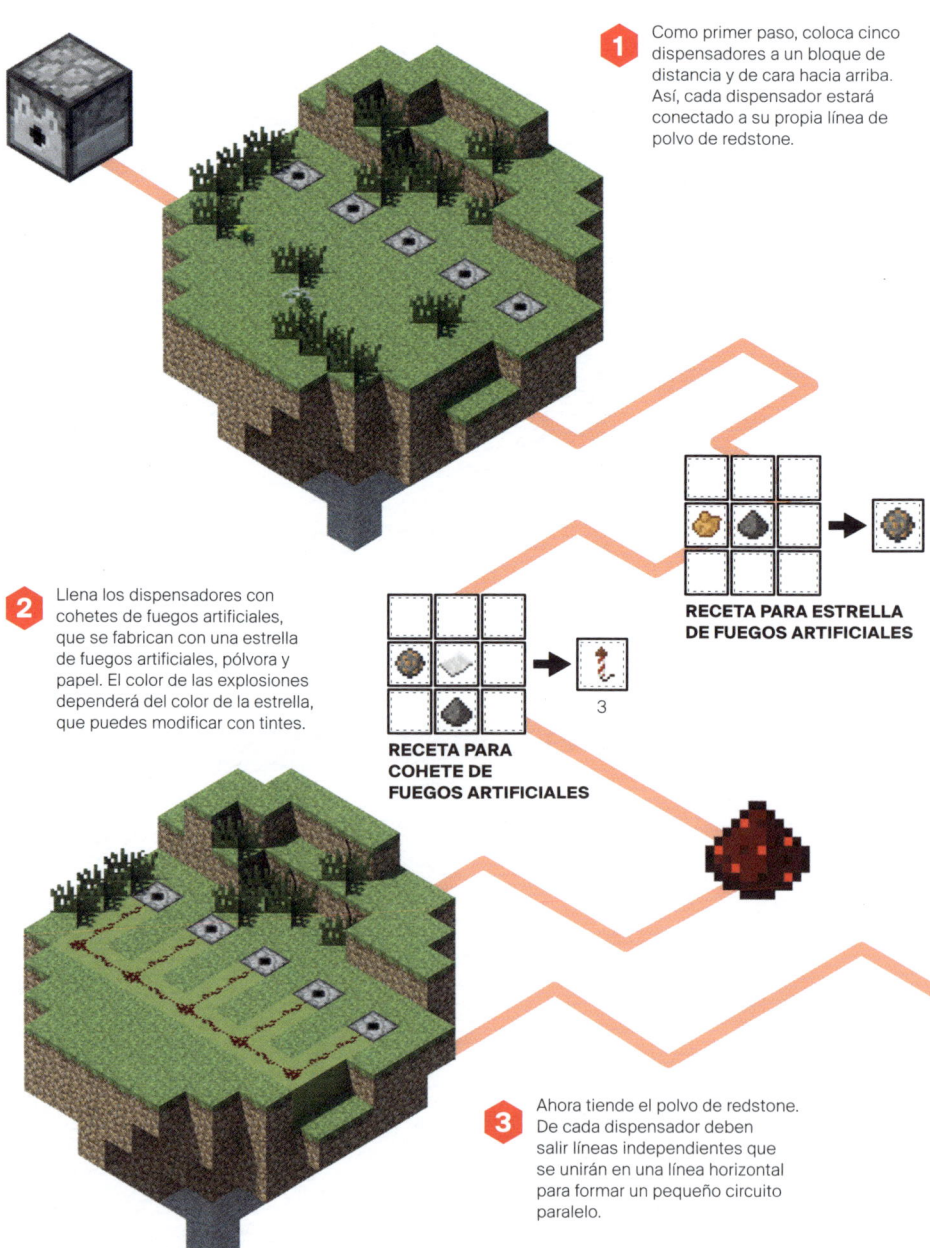

**1** Como primer paso, coloca cinco dispensadores a un bloque de distancia y de cara hacia arriba. Así, cada dispensador estará conectado a su propia línea de polvo de redstone.

**2** Llena los dispensadores con cohetes de fuegos artificiales, que se fabrican con una estrella de fuegos artificiales, pólvora y papel. El color de las explosiones dependerá del color de la estrella, que puedes modificar con tintes.

**RECETA PARA ESTRELLA DE FUEGOS ARTIFICIALES**

**RECETA PARA COHETE DE FUEGOS ARTIFICIALES**

**3** Ahora tiende el polvo de redstone. De cada dispensador deben salir líneas independientes que se unirán en una línea horizontal para formar un pequeño circuito paralelo.

30

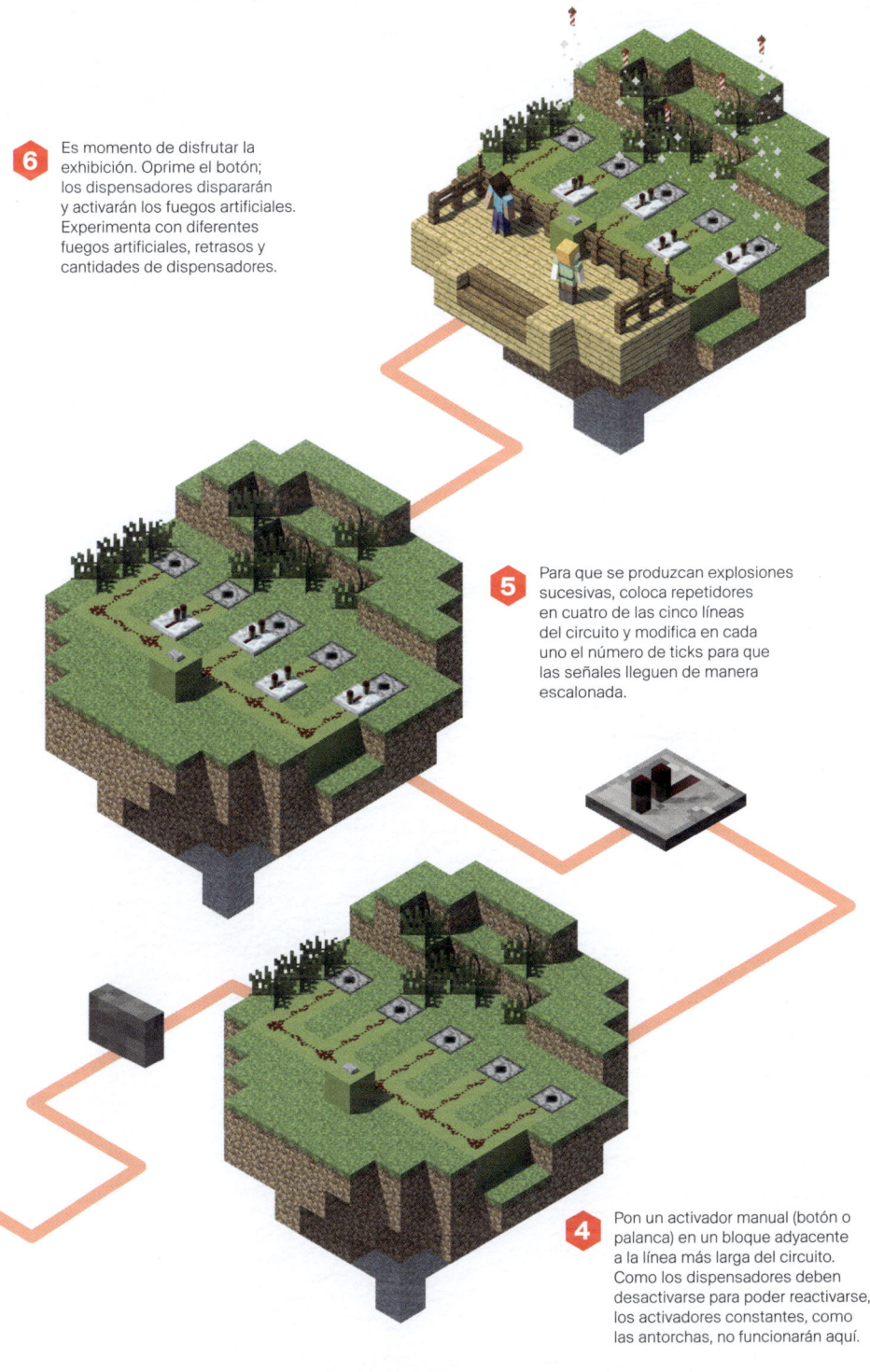

**6** Es momento de disfrutar la exhibición. Oprime el botón; los dispensadores dispararán y activarán los fuegos artificiales. Experimenta con diferentes fuegos artificiales, retrasos y cantidades de dispensadores.

**5** Para que se produzcan explosiones sucesivas, coloca repetidores en cuatro de las cinco líneas del circuito y modifica en cada uno el número de ticks para que las señales lleguen de manera escalonada.

**4** Pon un activador manual (botón o palanca) en un bloque adyacente a la línea más larga del circuito. Como los dispensadores deben desactivarse para poder reactivarse, los activadores constantes, como las antorchas, no funcionarán aquí.

# RIELES ACTIVADORES, PROPULSORES Y DETECTORES

En Minecraft hay varios rieles especializados de redstone que pueden utilizarse en circuitos. Algunos realizan funciones que ya conocemos (generan energía, detectan el abastecimiento de contenedores), pero otros también interactúan con las vagonetas que circulan sobre ellos.

**RIEL DETECTOR**
Funciona de manera similar a las placas de presión: detecta el paso de una vagoneta sobre él y emite una señal de redstone a los bloques y componentes adyacentes.

 Si se les combina con comparadores, los rieles detectores pueden detectar qué tan llenas están las tolvas o los cofres, y emitir una señal acorde con ello. Si están llenos la señal tendrá la potencia máxima, pero si están casi vacíos la señal será débil.

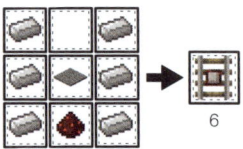

**RECETA PARA RIEL DETECTOR**

**RIEL PROPULSOR**
Su función es impulsar a las vagonetas. Para hacerlo requieren una señal de redstone; de otra manera pueden incluso ralentizarlas. Un riel propulsor activado transmite su señal a ocho rieles propulsores adyacentes.

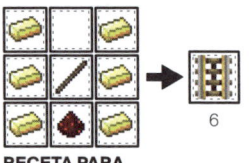

**RECETA PARA RIEL PROPULSOR**

 Un riel detector colocado frente a uno propulsor impulsará a las vagonetas que pasen sobre ellos. La disposición puede repetirse a lo largo de la vía para lograr un movimiento continuo.

**RIEL ACTIVADOR**

Puede obtener su energía de un riel detector o de cualquier otra fuente de energía de redstone. Realiza varias funciones según su estado de activación y el tipo de vagoneta que esté circulando sobre él.

**RECETA PARA RIEL ACTIVADOR**

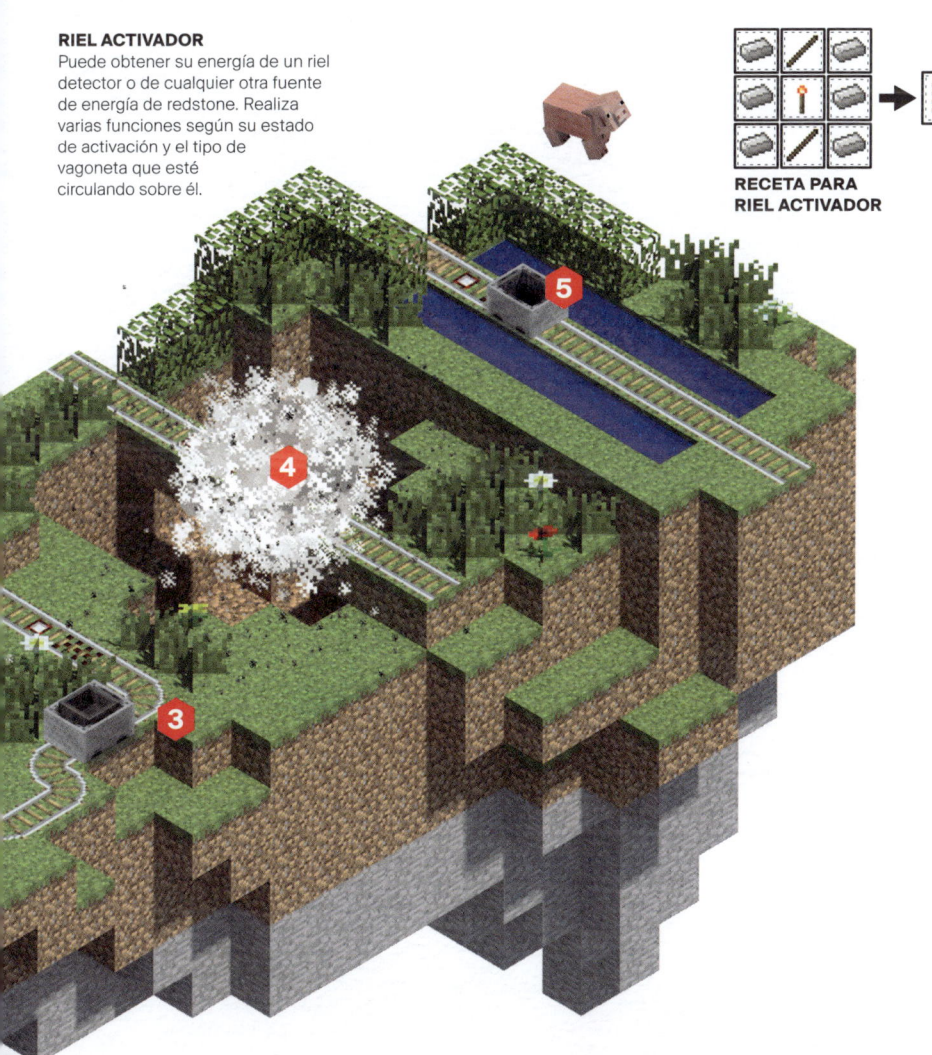

**3** Si el riel activador estuviera desactivado podría activar una vagoneta con tolva y hacerla recoger objetos a su paso hasta que se llenara o se desactivara. Si el riel estuviera activado, podría desactivar a esa misma vagoneta y evitar que siguiera recogiendo objetos.

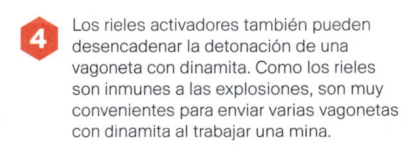

**4** Los rieles activadores también pueden desencadenar la detonación de una vagoneta con dinamita. Como los rieles son inmunes a las explosiones, son muy convenientes para enviar varias vagonetas con dinamita al trabajar una mina.

**5** Otra función del riel activador se manifiesta cuando una entidad pasa en vagoneta sobre él. ¡El riel lanzará a la criatura o al jugador fuera de la vagoneta!

**CONSEJO**

Los rieles habilitados por redstone siempre forman vías rectas; no se pueden curvar como los rieles comunes.

# INTERSECCIÓN DE REDSTONE

Un sistema ferroviario de redstone te permitirá viajar con facilidad por las vastas extensiones de tu mundo. Esta intersección de redstone te dará control total sobre tu ruta e incluso te permitirá cambiar de dirección sin necesidad de bajar de tu vagoneta.

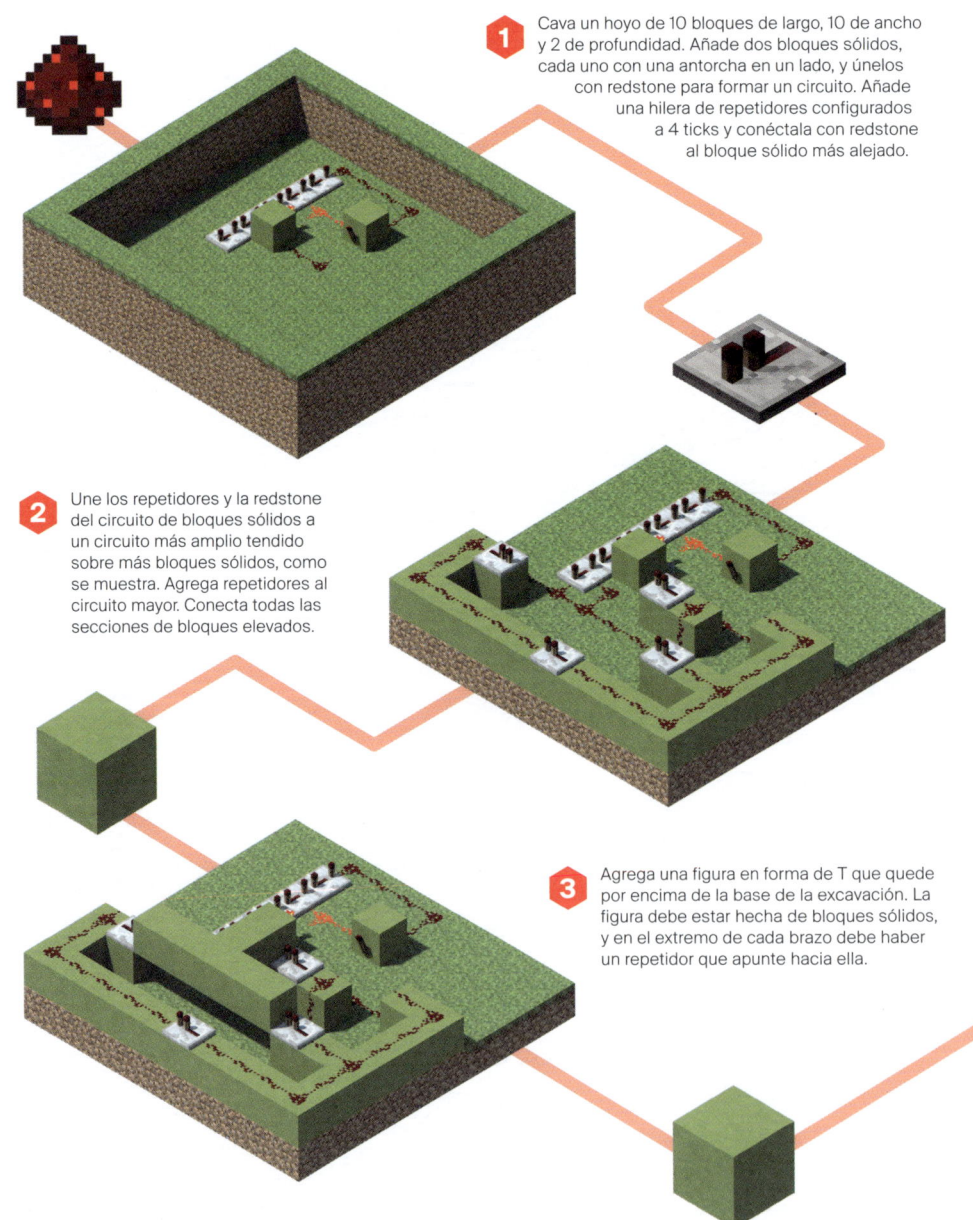

**1** Cava un hoyo de 10 bloques de largo, 10 de ancho y 2 de profundidad. Añade dos bloques sólidos, cada uno con una antorcha en un lado, y únelos con redstone para formar un circuito. Añade una hilera de repetidores configurados a 4 ticks y conéctala con redstone al bloque sólido más alejado.

**2** Une los repetidores y la redstone del circuito de bloques sólidos a un circuito más amplio tendido sobre más bloques sólidos, como se muestra. Agrega repetidores al circuito mayor. Conecta todas las secciones de bloques elevados.

**3** Agrega una figura en forma de T que quede por encima de la base de la excavación. La figura debe estar hecha de bloques sólidos, y en el extremo de cada brazo debe haber un repetidor que apunte hacia ella.

**6** La intersección ya debe estar lista. Conéctala a la vía y coloca una vagoneta. El vehículo se detendrá en los rieles propulsores inclinados, lo que te permitirá cambiar de dirección con la palanca. Cuando estés listo, simplemente oprime el botón y continuarás tu camino.

**RECETA PARA VAGONETA**

**5** Coloca los rieles a lo largo de la T. Los que queden sobre la escalera elevada deben ser propulsores; los demás deben ser rieles comunes. Añade botones en los bloques colocados junto al asta de la T, y una palanca en el bloque elevado sobre la T.

**4** Construye escaleras de dos bloques a partir de cada extremo de la figura. Añade bloques sólidos sobre los brazos de la T para formar una plataforma elevada, y un bloque a cada lado del asta para formar en el centro una plataforma de 2 x 3.

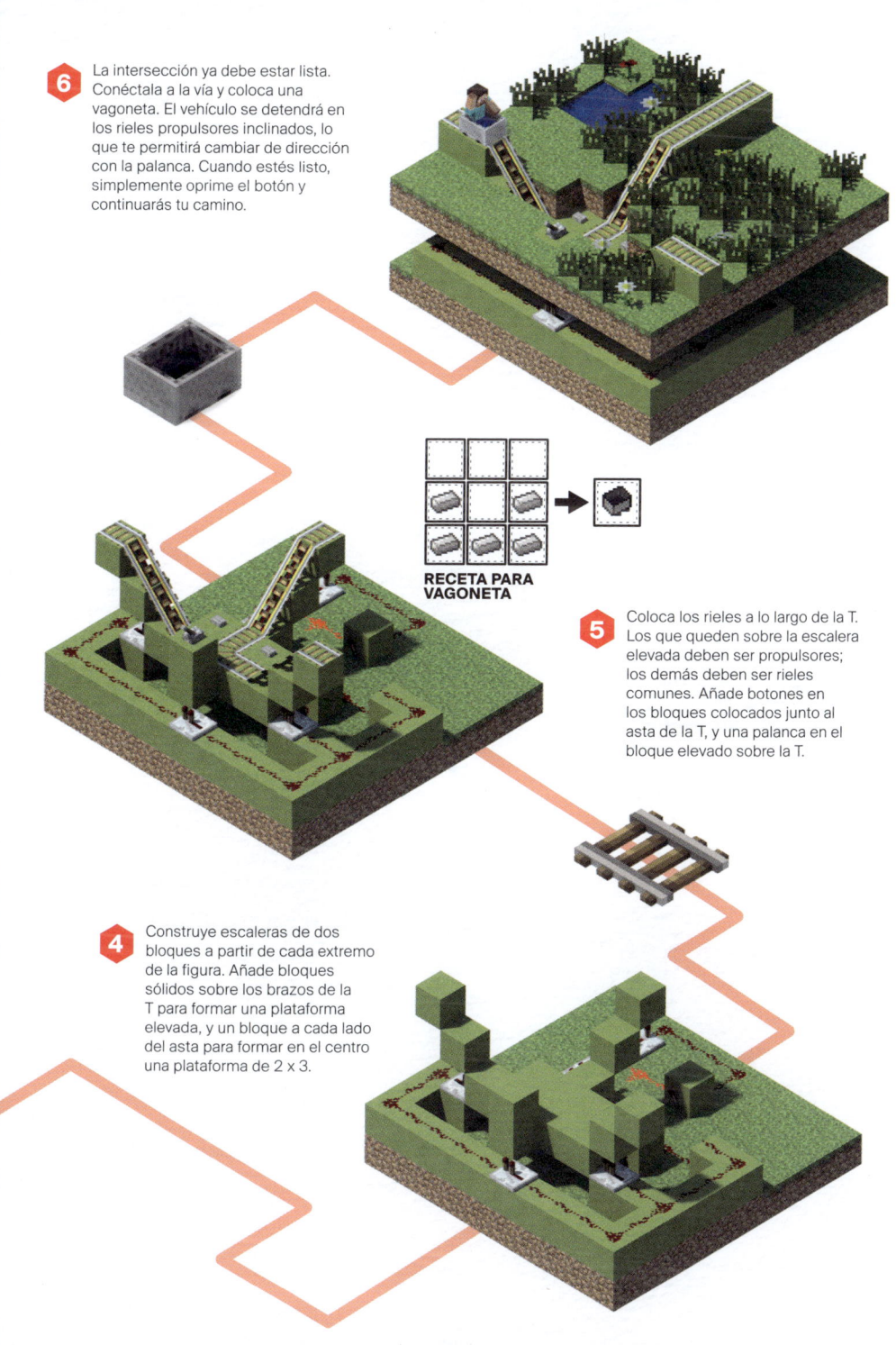

# BLOQUE MUSICAL Y LÁMPARAS

Los últimos componentes de redstone con salida de señal son los que producen sonido y luz. Los bloques musicales pueden emitir varios sonidos a diferentes alturas. Las lámparas de redstone son parecidas a la piedra luminosa pero tienen la ventaja de que pueden encenderse y apagarse.

## BLOQUE MUSICAL
Se fabrica con cualquier tipo de madera y una unidad de polvo de redstone. Cuando recibe una señal de redstone produce un sonido que depende del bloque sobre el que esté colocado. El diagrama siguiente muestra qué bloques se necesitan para producir los diferentes sonidos.

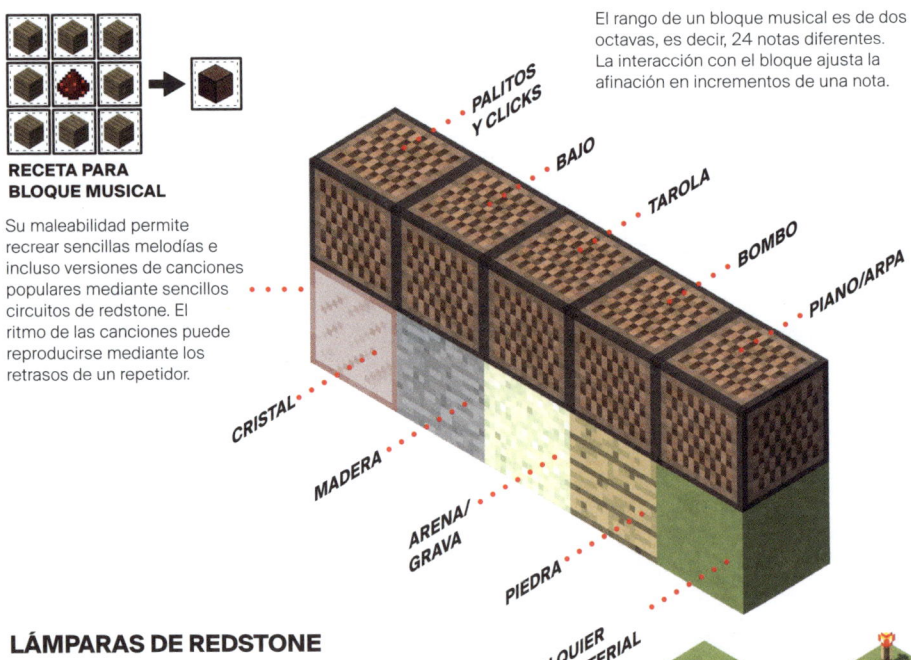

**RECETA PARA BLOQUE MUSICAL**

Su maleabilidad permite recrear sencillas melodías e incluso versiones de canciones populares mediante sencillos circuitos de redstone. El ritmo de las canciones puede reproducirse mediante los retrasos de un repetidor.

El rango de un bloque musical es de dos octavas, es decir, 24 notas diferentes. La interacción con el bloque ajusta la afinación en incrementos de una nota.

PALITOS Y CLICKS — CRISTAL
BAJO — MADERA
TAROLA — ARENA/GRAVA
BOMBO — PIEDRA
PIANO/ARPA — CUALQUIER OTRO MATERIAL

## LÁMPARAS DE REDSTONE
Son fuentes de luz hechas de polvo de redstone y piedra luminosa. Brillan con más intensidad que las antorchas de redstone y pueden encenderse y apagarse mediante circuitos de redstone o activadores manuales.

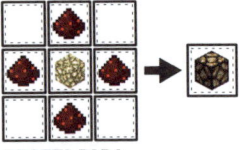

**RECETA PARA LÁMPARA DE REDSTONE**

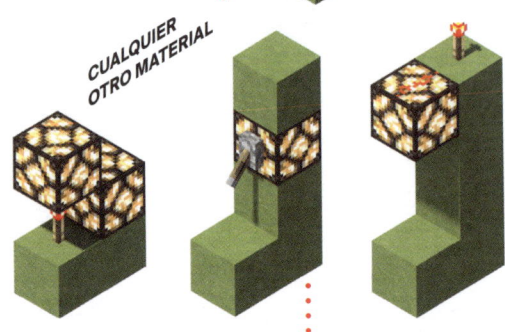

En páginas anteriores hemos utilizado la lámpara de redstone para demostrar cómo funcionan los bloques que transmiten y manipulan la energía. Como puede alimentarse desde cualquiera de sus lados, se usa en paredes, pisos, techos o en sistemas de iluminación.

# CIRCUITO DE SEGURIDAD

Los bloques musicales y las lámparas de redstone son excelentes dispositivos de alarma. Esta estructura utiliza ambas clases de objetos para alertar cuando un intruso entre en un edificio.

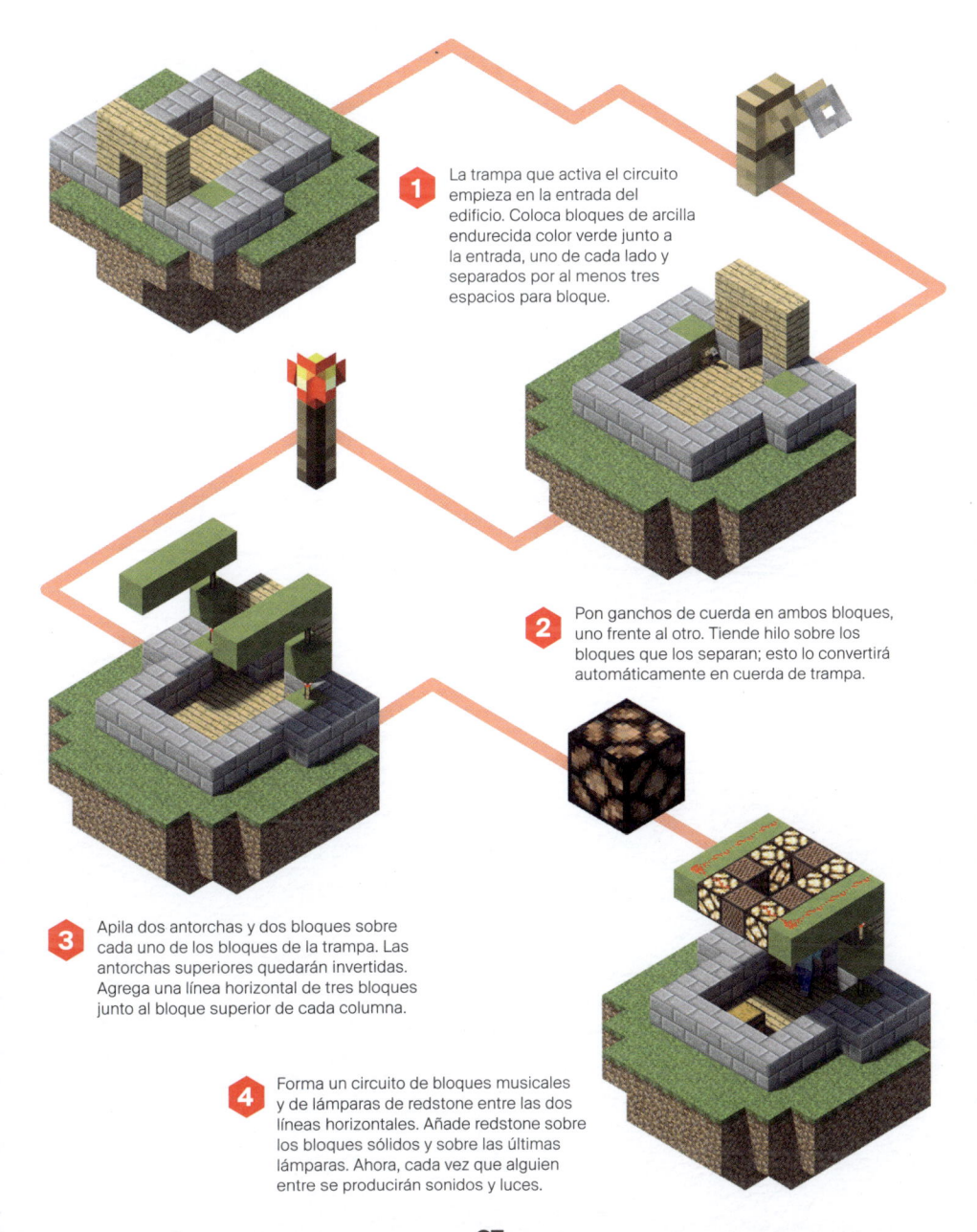

**1** La trampa que activa el circuito empieza en la entrada del edificio. Coloca bloques de arcilla endurecida color verde junto a la entrada, uno de cada lado y separados por al menos tres espacios para bloque.

**2** Pon ganchos de cuerda en ambos bloques, uno frente al otro. Tiende hilo sobre los bloques que los separan; esto lo convertirá automáticamente en cuerda de trampa.

**3** Apila dos antorchas y dos bloques sobre cada uno de los bloques de la trampa. Las antorchas superiores quedarán invertidas. Agrega una línea horizontal de tres bloques junto al bloque superior de cada columna.

**4** Forma un circuito de bloques musicales y de lámparas de redstone entre las dos líneas horizontales. Añade redstone sobre los bloques sólidos y sobre las últimas lámparas. Ahora, cada vez que alguien entre se producirán sonidos y luces.

# 2

# CIRCUITOS BÁSICOS

Ya cuentas con las herramientas y los conocimientos necesarios para crear tus primeros circuitos. Los que presentamos en esta sección son muy sencillos, pero pronto comprobarás que basta un circuito simple para crear mecanismos espectaculares.

# CIRCUITOS RELOJ

Comenzaremos con el más simple de todos: el circuito reloj. Éste produce reiteradamente una señal que viaja a través de todos los componentes y que activa de manera indefinida todos los mecanismos conectados.

## CONSTRUCCIÓN
Hay muchas maneras de construir un circuito reloj, y más aun para modificar su comportamiento. En estas páginas conocerás los varios tipos de circuito que puedes crear con distintos componentes. Así podrás elegir el que te parezca más sencillo.

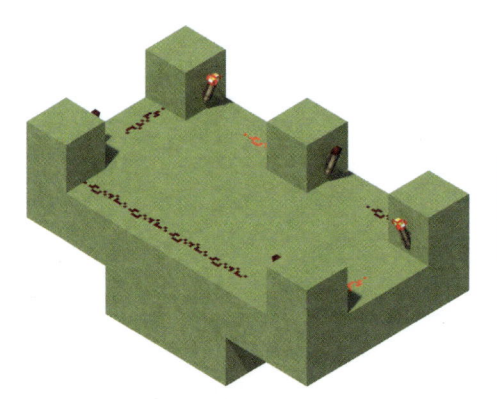

### RELOJ DE ANTORCHA
El circuito reloj más sencillo es el de antorchas. Requiere un número impar de antorchas, y gracias a que se invierten, pueden encender y apagar repetidamente ciertas secciones. La ilustración muestra un reloj de 5 ticks, el más corto capaz de ofrecer estabilidad. La señal recorre el circuito en 5 ticks de redstone.

### RELOJ DE REPETIDOR
Es muy popular por lo fácil que es modificar el retraso en los repetidores y porque pueden ser muy rápidos. El que se ilustra es un reloj de 1 tick, sin retraso en los repetidores. Lo más importante es colocar la antorcha al final; de otro modo, la señal se atascará y el reloj se mantendrá encendido.

> **CONSEJO**
>
> Es casi imposible construir relojes de antorcha de 1 tick o de 3 ticks, pues normalmente se queman y pierden la señal. Si quieres aumentar los ticks de este circuito, agrega pares de antorchas o reemplaza la redstone con repetidores para retrasar la señal.

> **CONSEJO**
>
> Una vez que se ha establecido la señal en un reloj de repetidor puedes destruir la antorcha, pero no puedes hacer lo mismo en un reloj de comparador.

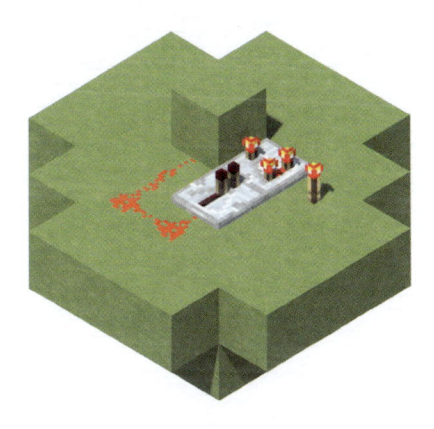

## RELOJ DE COMPARADOR
Utiliza un comparador en modalidad de sustracción para repetir una señal. El comparador se pone de cara a un bloque sólido; un circuito de redstone conecta el bloque con el costado del comparador después de pasar por un repetidor. La antorcha suministra una señal de 15; cuando se sustrae la entrada lateral, sigue habiendo salida de señal.

## RELOJ DE TOLVA
Los tubos de salida de las tolvas quedan enfrentados y forman un reloj alternador. Un objeto colocado en cualquiera de ellas pasará de una tolva a otra indefinidamente. El comparador ubicado junto a cada tolva detecta su contenido, que alterna de cero a uno, y emite una pequeña señal de redstone que luego se amplifica al pasar por el repetidor.

**DISPOSICIÓN DE POLVO Y REPETIDORES**

**PISTONES COLOCADOS**

## RELOJ DE PISTÓN
A diferencia de los demás circuitos reloj, los de pistón pueden prenderse y apagarse a voluntad. En el reloj de la ilustración, los pistones empujan sucesivamente un bloque; cada antorcha transmite una señal a través del bloque, activando sucesivamente los circuitos exteriores.

# TRAMPA DE GRANJA

A continuación construiremos una trampa de granja a partir de un reloj de pistón. Utilizaremos los circuitos externos del reloj para activar las diferentes partes de la trampa y para recolectar las recompensas dentro de cofres de fácil acceso.

**LO QUE NECESITAS:**

| 138 | 16 | 12 | 20 | 65 | 8 | 4 | 7 | 4 | 4 |

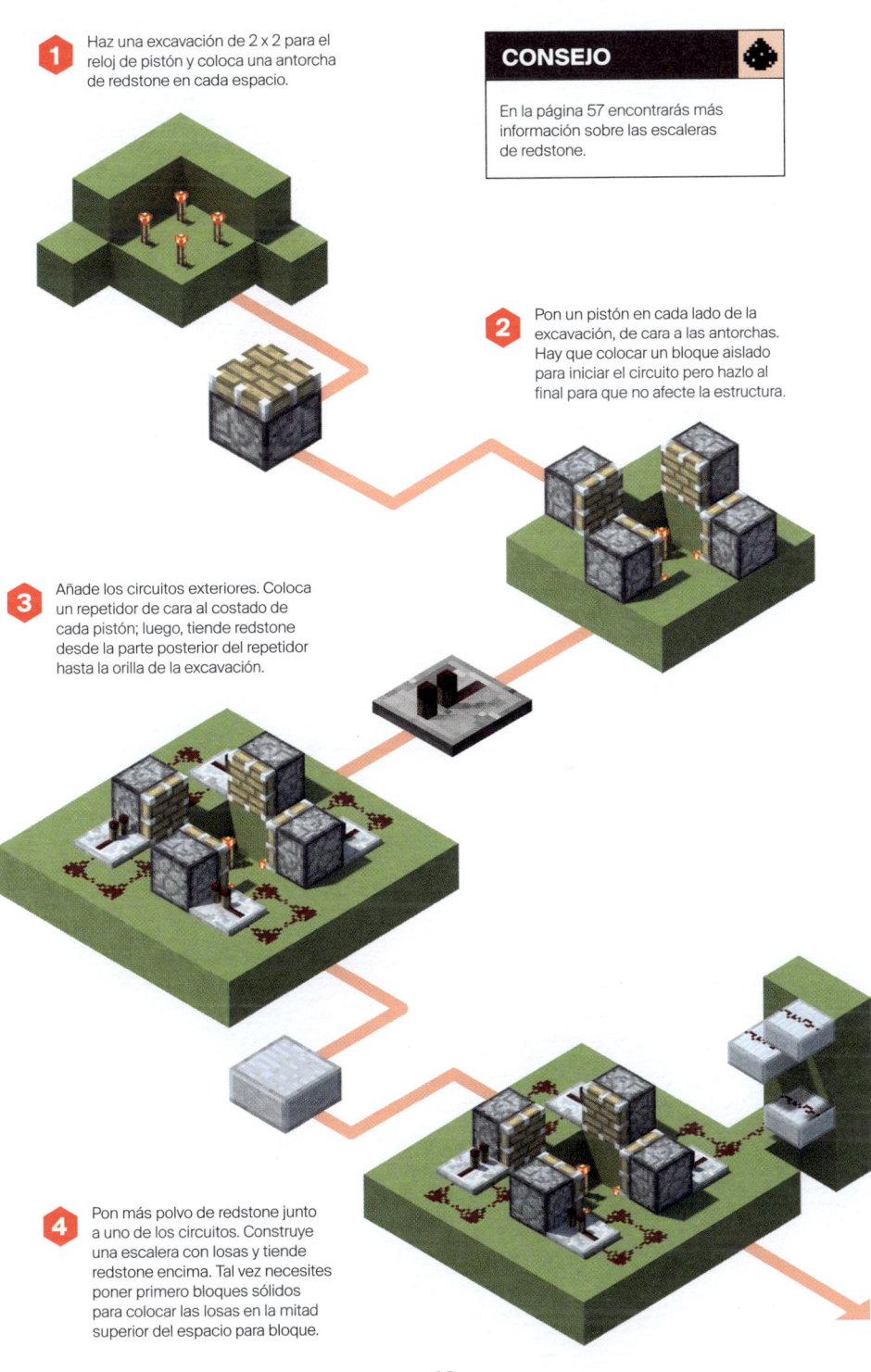

**1** Haz una excavación de 2 x 2 para el reloj de pistón y coloca una antorcha de redstone en cada espacio.

### CONSEJO

En la página 57 encontrarás más información sobre las escaleras de redstone.

**2** Pon un pistón en cada lado de la excavación, de cara a las antorchas. Hay que colocar un bloque aislado para iniciar el circuito pero hazlo al final para que no afecte la estructura.

**3** Añade los circuitos exteriores. Coloca un repetidor de cara al costado de cada pistón; luego, tiende redstone desde la parte posterior del repetidor hasta la orilla de la excavación.

**4** Pon más polvo de redstone junto a uno de los circuitos. Construye una escalera con losas y tiende redstone encima. Tal vez necesites poner primero bloques sólidos para colocar las losas en la mitad superior del espacio para bloque.

43

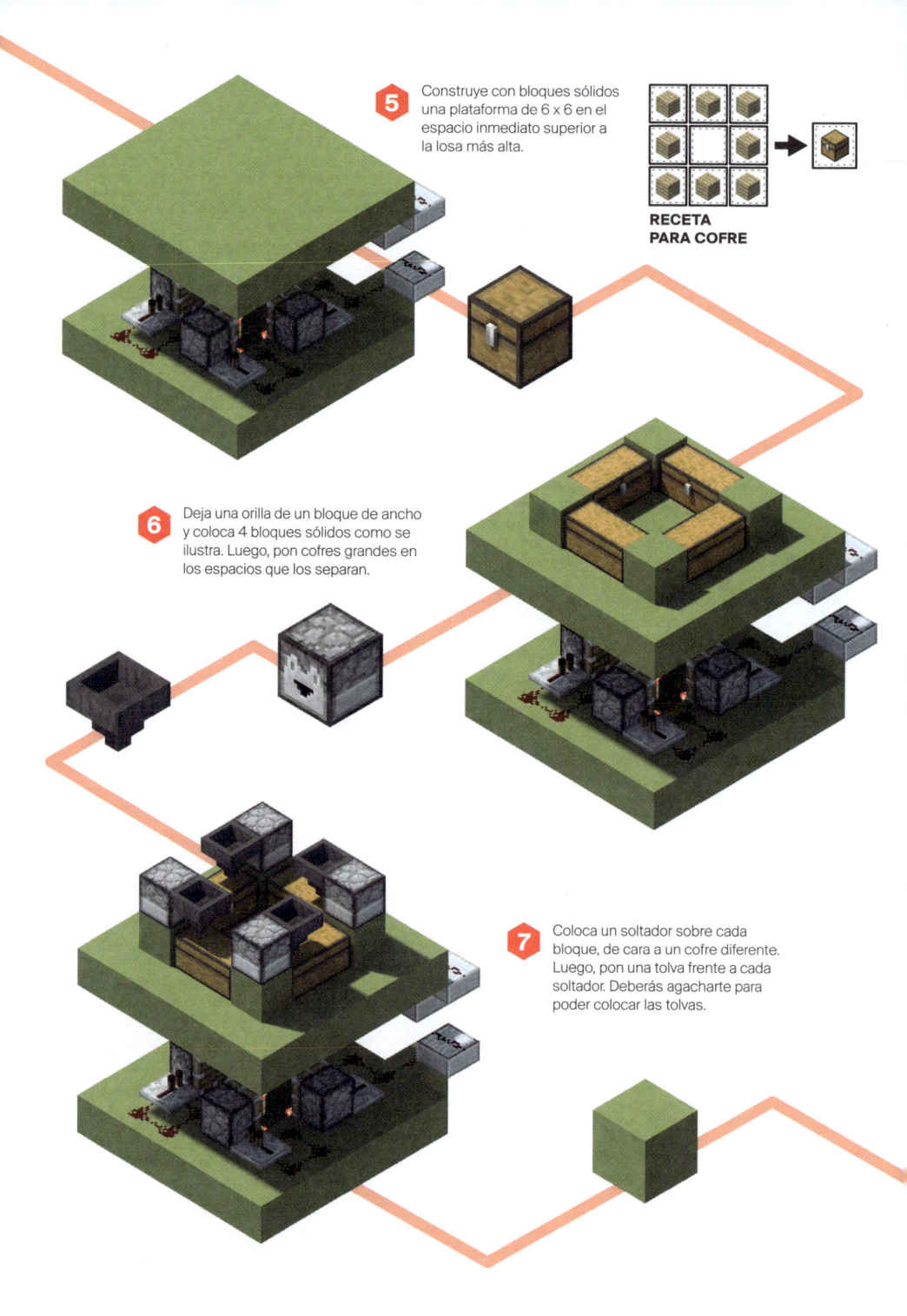

**5** Construye con bloques sólidos una plataforma de 6 x 6 en el espacio inmediato superior a la losa más alta.

**RECETA PARA COFRE**

**6** Deja una orilla de un bloque de ancho y coloca 4 bloques sólidos como se ilustra. Luego, pon cofres grandes en los espacios que los separan.

**7** Coloca un soltador sobre cada bloque, de cara a un cofre diferente. Luego, pon una tolva frente a cada soltador. Deberás agacharte para poder colocar las tolvas.

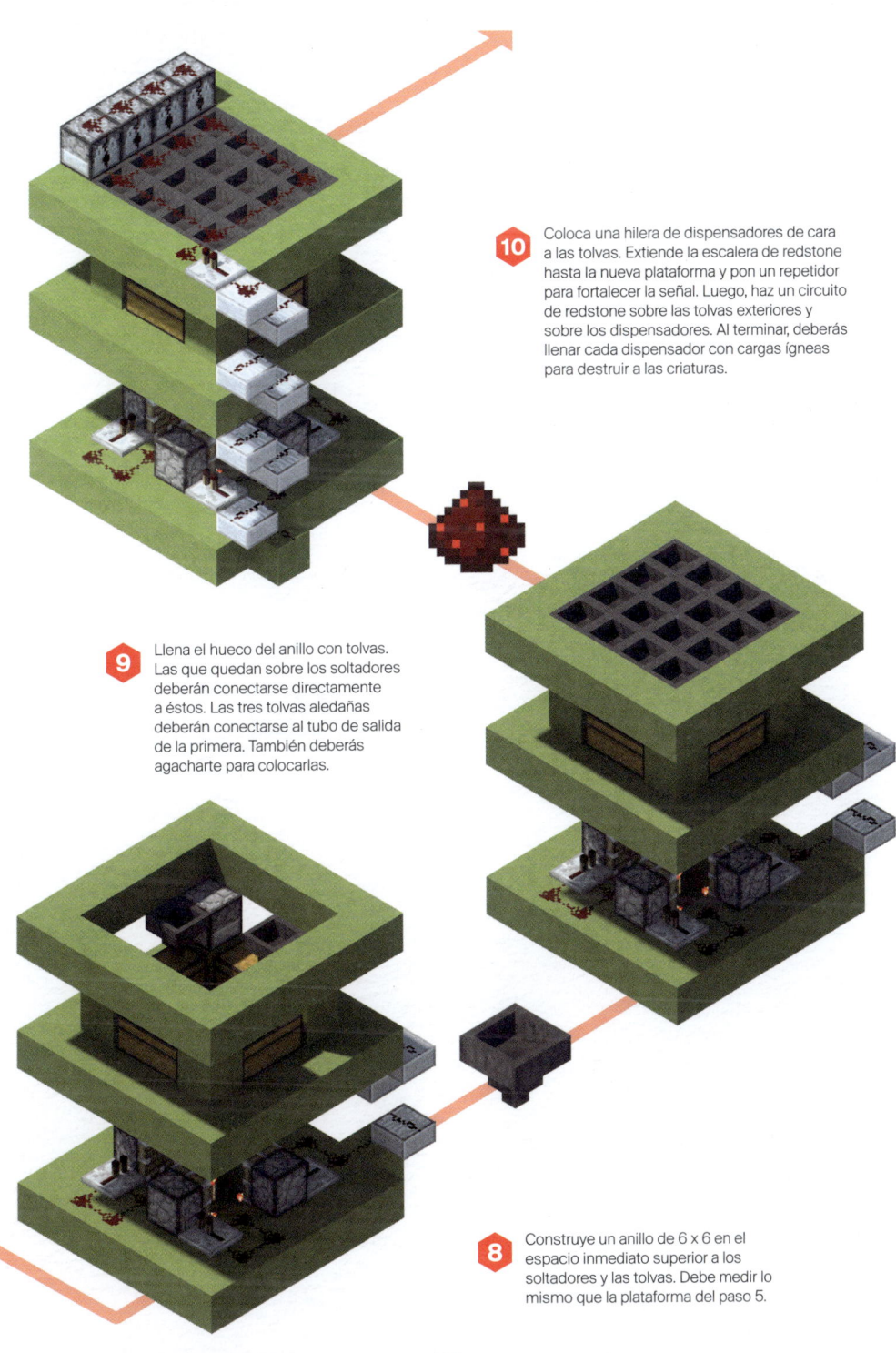

**10** Coloca una hilera de dispensadores de cara a las tolvas. Extiende la escalera de redstone hasta la nueva plataforma y pon un repetidor para fortalecer la señal. Luego, haz un circuito de redstone sobre las tolvas exteriores y sobre los dispensadores. Al terminar, deberás llenar cada dispensador con cargas ígneas para destruir a las criaturas.

**9** Llena el hueco del anillo con tolvas. Las que quedan sobre los soltadores deberán conectarse directamente a éstos. Las tres tolvas aledañas deberán conectarse al tubo de salida de la primera. También deberás agacharte para colocarlas.

**8** Construye un anillo de 6 x 6 en el espacio inmediato superior a los soltadores y las tolvas. Debe medir lo mismo que la plataforma del paso 5.

45

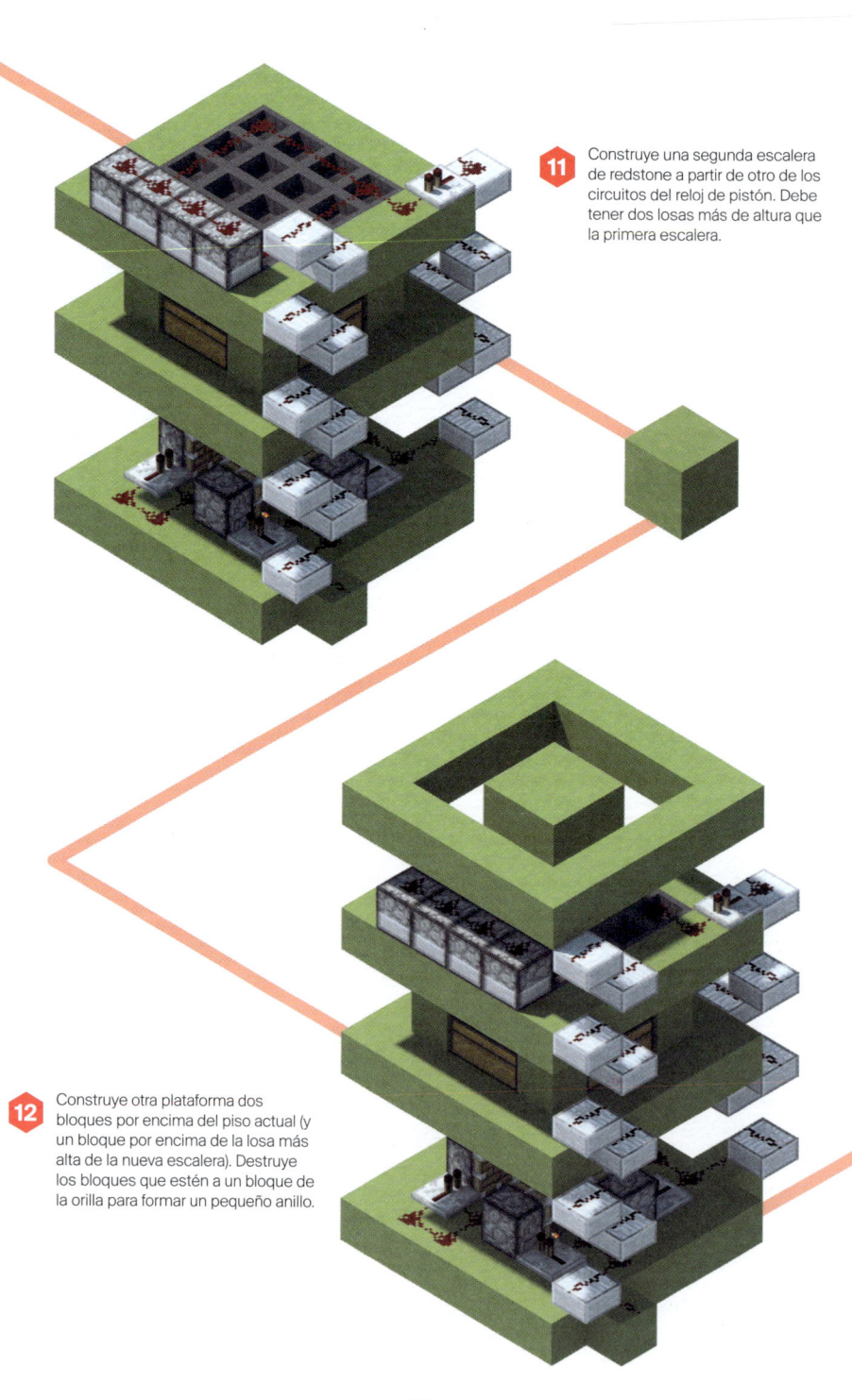

**11** Construye una segunda escalera de redstone a partir de otro de los circuitos del reloj de pistón. Debe tener dos losas más de altura que la primera escalera.

**12** Construye otra plataforma dos bloques por encima del piso actual (y un bloque por encima de la losa más alta de la nueva escalera). Destruye los bloques que estén a un bloque de la orilla para formar un pequeño anillo.

46

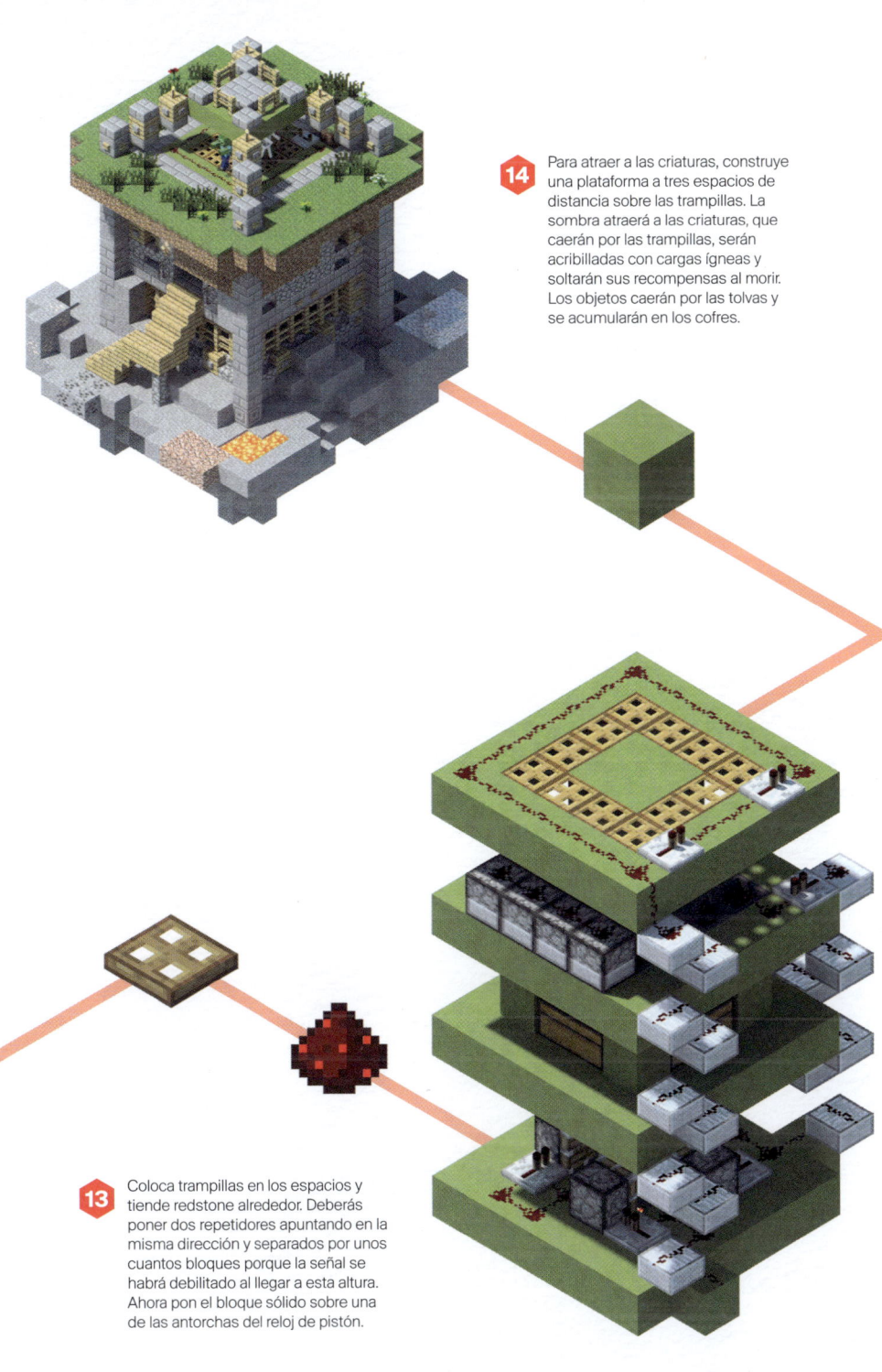

**14** Para atraer a las criaturas, construye una plataforma a tres espacios de distancia sobre las trampillas. La sombra atraerá a las criaturas, que caerán por las trampillas, serán acribilladas con cargas ígneas y soltarán sus recompensas al morir. Los objetos caerán por las tolvas y se acumularán en los cofres.

**13** Coloca trampillas en los espacios y tiende redstone alrededor. Deberás poner dos repetidores apuntando en la misma dirección y separados por unos cuantos bloques porque la señal se habrá debilitado al llegar a esta altura. Ahora pon el bloque sólido sobre una de las antorchas del reloj de pistón.

47

# CIRCUITO DE PULSOS

Su objetivo principal es ajustar la amplitud de la señal a medida que pasa por el circuito. Esto permite que los mecanismos de redstone se mantengan activos durante un tiempo determinado.

## GENERACIÓN DEL PULSO
Tal como con los circuitos reloj, hay muchas maneras de construir circuitos de pulso. Sin embargo, estos últimos se conforman de múltiples elementos que pueden incluirse y combinarse para crear mecanismos verdaderamente originales.

### CONSEJO
Hay pulsos tan amplios que no pueden pasar por un multiplicador (el siguiente pulso llegará a su destino antes de que el primero haya terminado). Éstos deben pasar primero por un limitador.

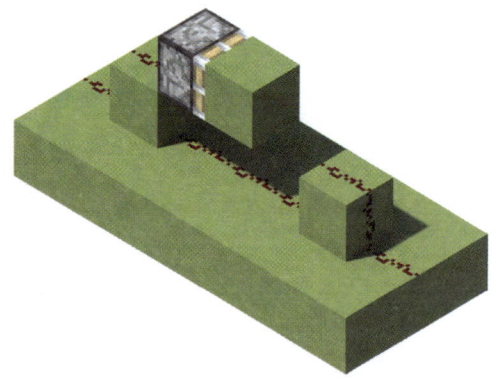

## GENERADOR DE PULSOS
Todo circuito de pulso comienza con un generador. En el circuito que se ilustra, una palanca controla dos repetidores adyacentes, uno de los cuales alimenta a un tercero, que se cierra. Al jalar la palanca, los dos repetidores adyacentes se desactivan, con lo que el tercero se abre. Esto a su vez emite un pulso de redstone a un circuito.

## LIMITADOR
El limitador reduce la amplitud de un pulso. En el ejemplo de arriba, cuando el pulso que viaja por la redstone pasa sobre el primero de los bloques colocados a nivel de suelo, el pistón empuja el bloque superior e interrumpe la conexión. Cuando el pistón se desactiva, la conexión de redstone se restablece, lo que permite el paso del pulso reducido.

## EXPANSOR

Este expansor es muy flexible y puede hacer que un pulso dure hasta cien ticks. Un objeto circula constantemente entre el soltador y la tolva, según el comparador detecte almacenamiento o no. Esto genera un pulso que viaja a través de un repetidor y de un bloque, iniciando la circulación de objetos entre las tolvas finales. El pulso durará el tiempo que demoren todos los objetos en pasar por las tolvas. Para extender el pulso basta con agregar más objetos. Entre los dos grupos de tolvas hay otro comparador y otro repetidor, que regresan el objeto a la primera tolva para reiniciar el sistema.

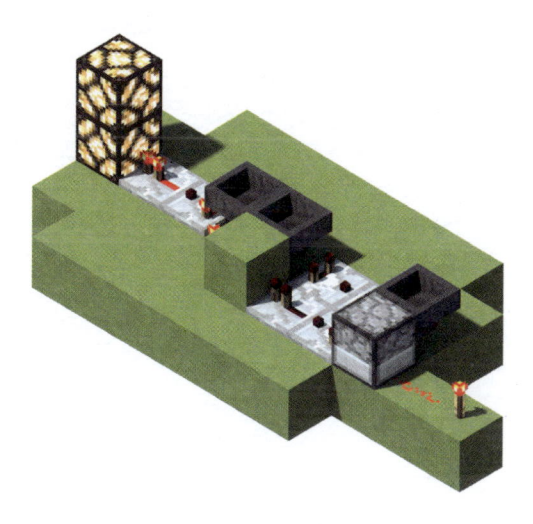

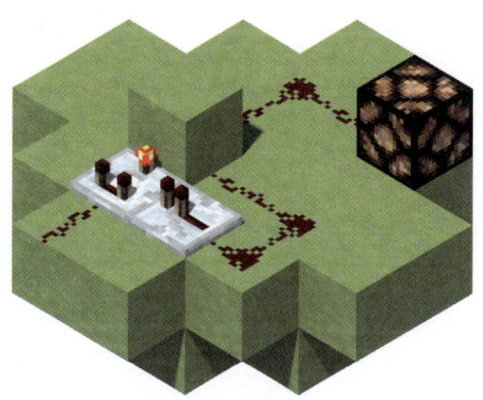

## MULTIPLICADOR

Los multiplicadores reciben un pulso y lo convierten en múltiples pulsos capaces de activar un mecanismo dos o más veces. Primero, la señal atraviesa un bloque sólido hacia las lámparas de redstone y hacia el circuito adyacente, que lleva la señal a un comparador dispuesto en modalidad de sustracción. La señal vuelve a atravesar el bloque sólido pero no llegará de nuevo al comparador debido a la sustracción en la fuerza de la señal.

## DIVISOR

Es lo opuesto al multiplicador: emite un pulso al recibir un número predeterminado de pulsos de entrada. Este divisor requiere seis pulsos de entrada para emitir una señal, y los obtiene pasando un objeto por todas las tolvas hasta el soltador. En ese momento, el comparador detecta el objeto y emite un pulso. Nótese que el tubo de salida de cada tolva apunta hacia la siguiente, y que el tubo de salida de la última tolva apunta hacia el soltador.

# CERRADURA DE COMBINACIÓN

Este circuito combina generadores, un extensor y un divisor en un sencillo mecanismo que protegerá tu base o tu área de almacenaje. Utiliza una pared de botones falsos para que sólo las personas que conozcan la combinación correcta puedan entrar.

**LO QUE NECESITAS:**

| 168 | 1 | 1 | 7 | 33 | 8 | 6 | 2 | 4 | 21 | 20 |

**1** Construye un marco de puerta con obsidiana. Si quieres poner la cerradura en un edificio existente, simplemente reemplaza el marco actual. Usaremos obsidiana porque no se mueve y la puerta será de bloques de slime.

**2** Añade una pared perpendicular a la pared de la puerta y coloca un botón en cada bloque. Los tres botones señalados serán los que utilizaremos para la cerradura de combinación.

**3** Coloca tres antorchas de redstone al otro lado de la pared. Deben estar en el lado opuesto de los bloques donde están los botones seleccionados: esquinas superior derecha, inferior derecha e inferior izquierda.

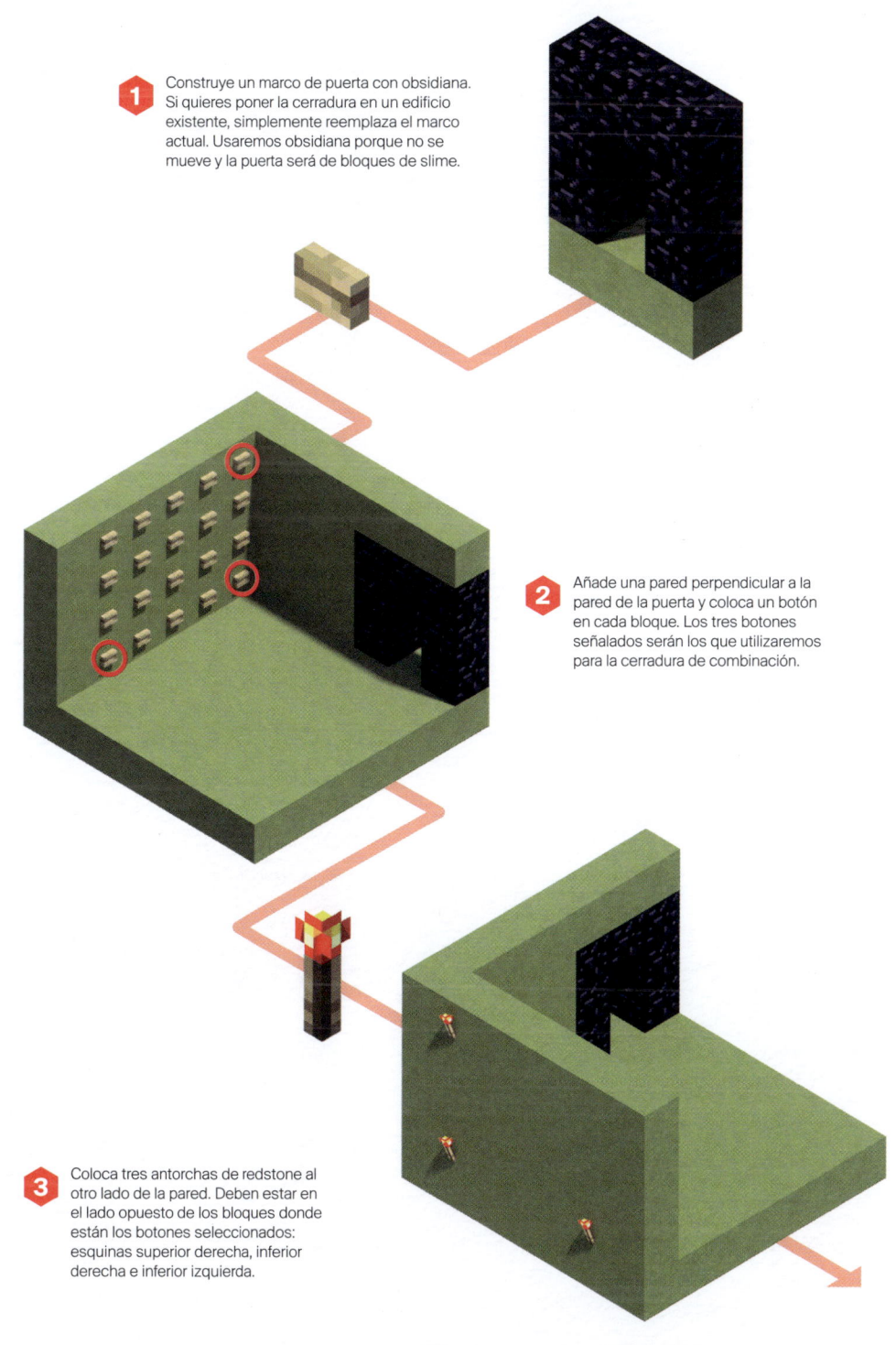

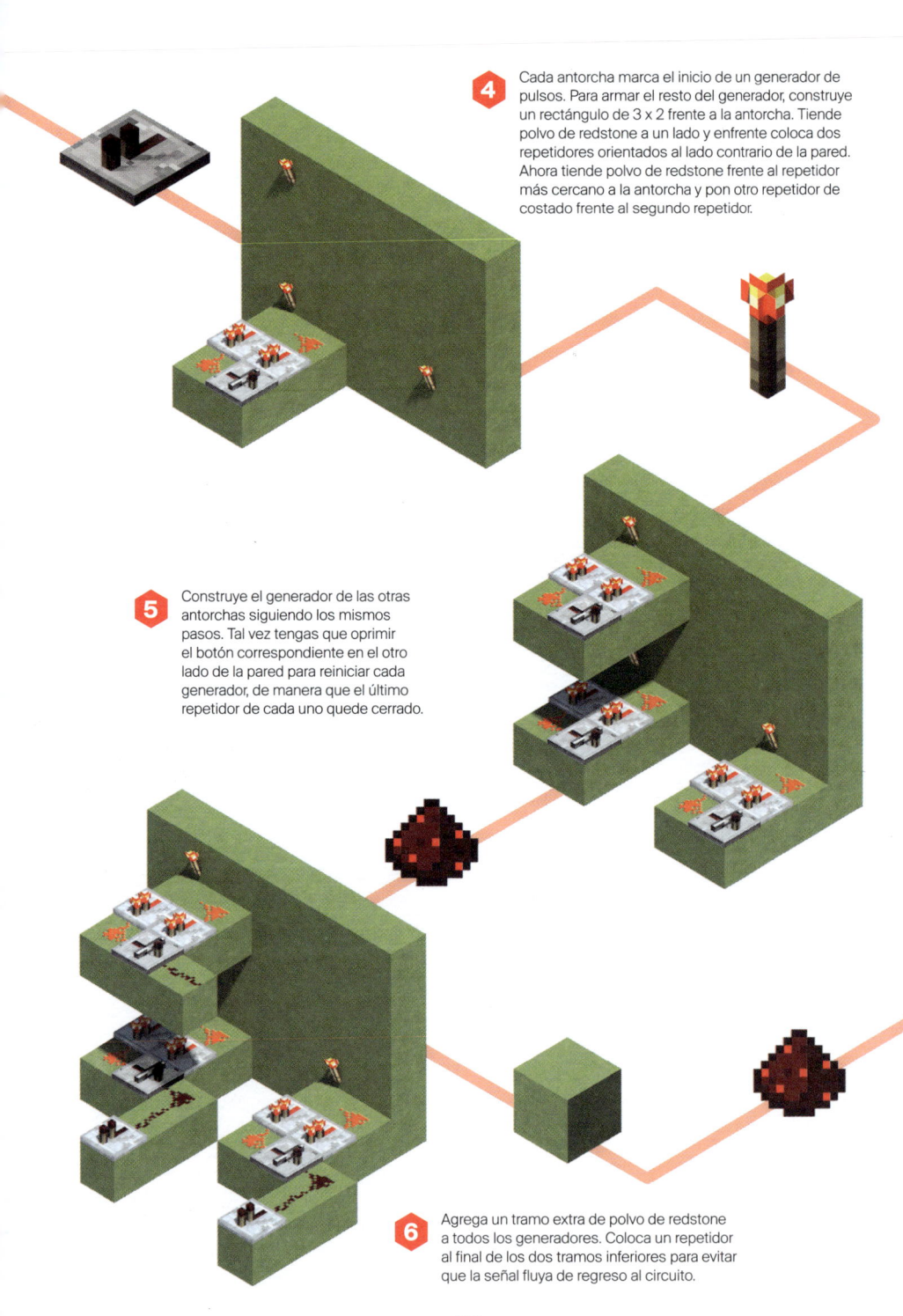

**4** Cada antorcha marca el inicio de un generador de pulsos. Para armar el resto del generador, construye un rectángulo de 3 x 2 frente a la antorcha. Tiende polvo de redstone a un lado y enfrente coloca dos repetidores orientados al lado contrario de la pared. Ahora tiende polvo de redstone frente al repetidor más cercano a la antorcha y pon otro repetidor de costado frente al segundo repetidor.

**5** Construye el generador de las otras antorchas siguiendo los mismos pasos. Tal vez tengas que oprimir el botón correspondiente en el otro lado de la pared para reiniciar cada generador, de manera que el último repetidor de cada uno quede cerrado.

**6** Agrega un tramo extra de polvo de redstone a todos los generadores. Coloca un repetidor al final de los dos tramos inferiores para evitar que la señal fluya de regreso al circuito.

52

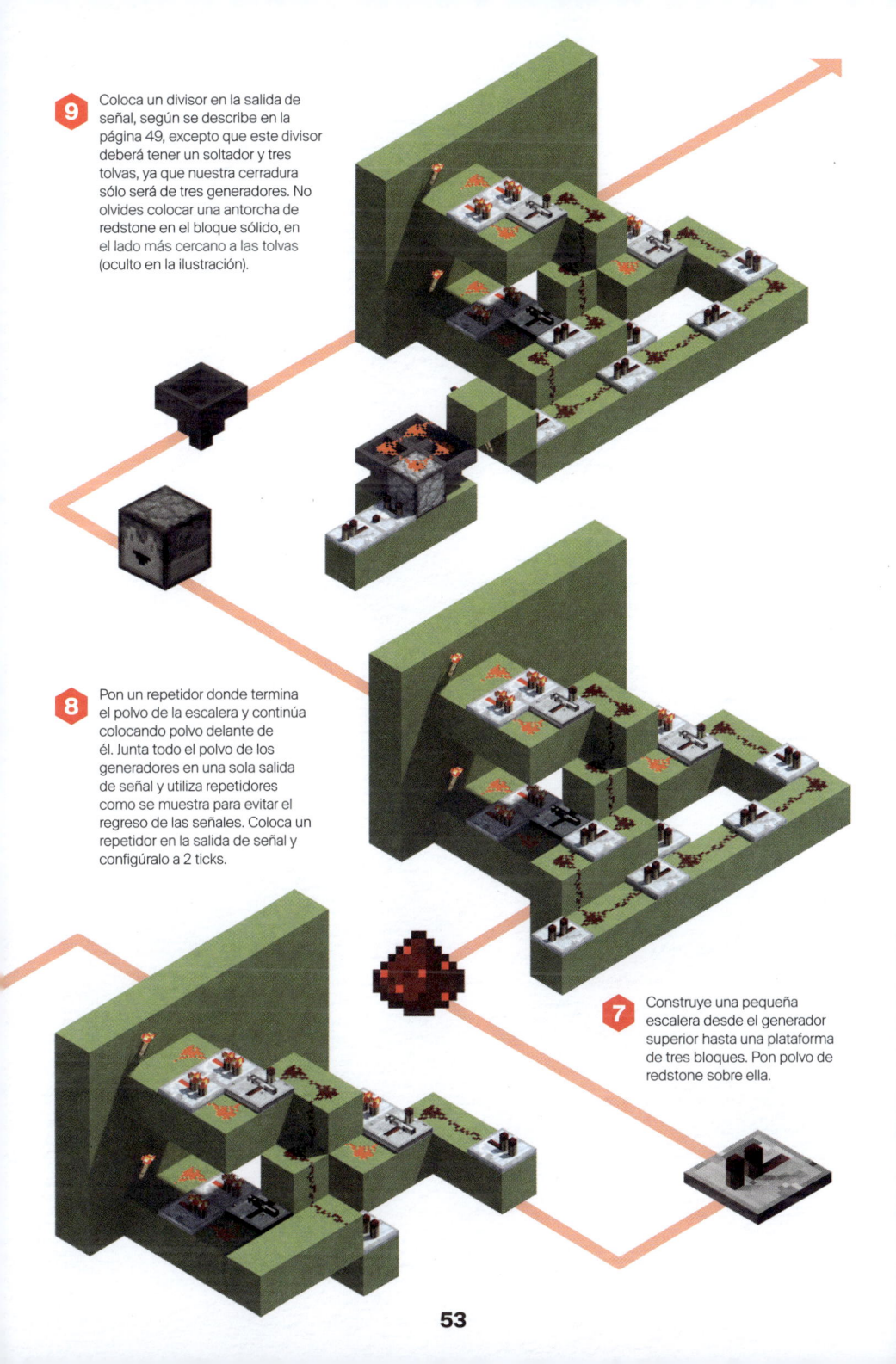

**9** Coloca un divisor en la salida de señal, según se describe en la página 49, excepto que este divisor deberá tener un soltador y tres tolvas, ya que nuestra cerradura sólo será de tres generadores. No olvides colocar una antorcha de redstone en el bloque sólido, en el lado más cercano a las tolvas (oculto en la ilustración).

**8** Pon un repetidor donde termina el polvo de la escalera y continúa colocando polvo delante de él. Junta todo el polvo de los generadores en una sola salida de señal y utiliza repetidores como se muestra para evitar el regreso de las señales. Coloca un repetidor en la salida de señal y configúralo a 2 ticks.

**7** Construye una pequeña escalera desde el generador superior hasta una plataforma de tres bloques. Pon polvo de redstone sobre ella.

53

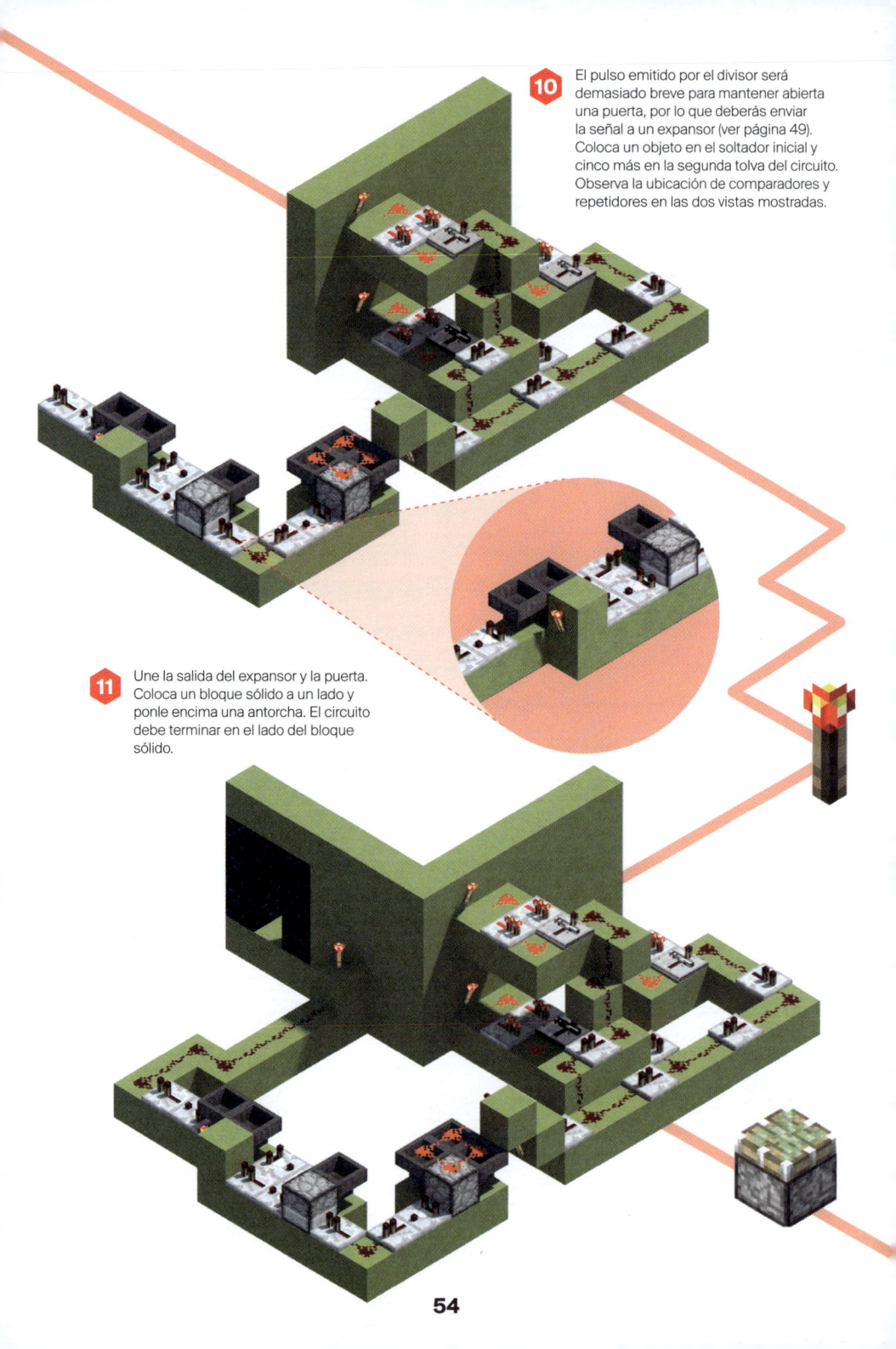

**10** El pulso emitido por el divisor será demasiado breve para mantener abierta una puerta, por lo que deberás enviar la señal a un expansor (ver página 49). Coloca un objeto en el soltador inicial y cinco más en la segunda tolva del circuito. Observa la ubicación de comparadores y repetidores en las dos vistas mostradas.

**11** Une la salida del expansor y la puerta. Coloca un bloque sólido a un lado y ponle encima una antorcha. El circuito debe terminar en el lado del bloque sólido.

**13** ¡Tu cerradura de combinación ya debe estar funcionando! Utiliza arco y flecha para activar el botón superior y oprime los dos inferiores. La puerta deberá abrirse temporalmente y dar paso a tu habitación o edificio secreto.

**12** Coloca junto a la antorcha un pistón adhesivo con un bloque de slime, y otro bloque sólido debajo de éste.

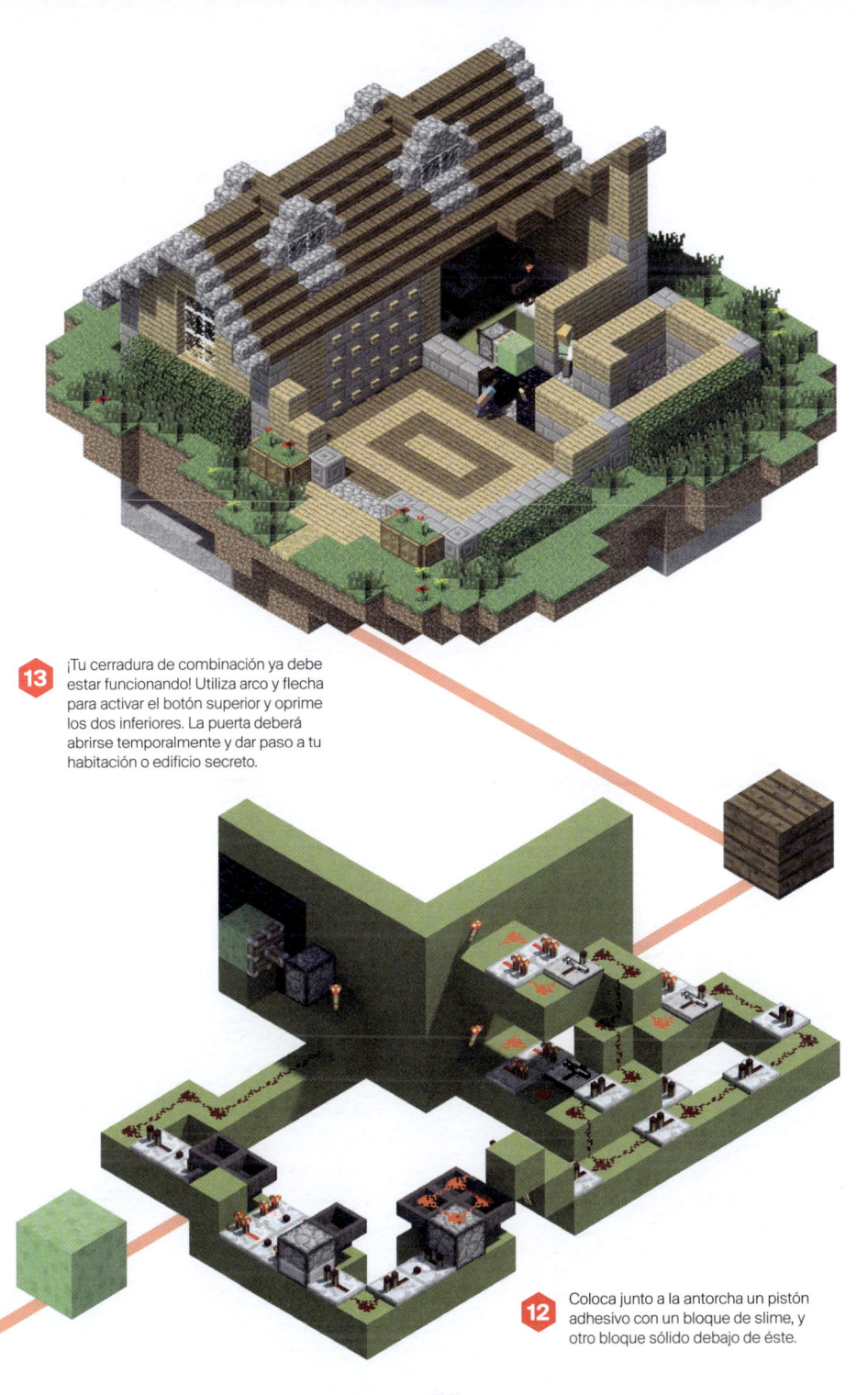

55

# TRANSMISIÓN VERTICAL

Ya hemos visto cómo diseñar circuitos horizontales, pero muchos mecanismos de redstone requieren elementos en niveles diferentes. La transmisión vertical permitirá que tu redstone viaje a través de una nueva tercera dimensión.

## CONSTRUCCIÓN DE UN CIRCUITO VERTICAL

La transmisión vertical puede parecer difícil pero en realidad es muy sencilla. Funciona con base en el comportamiento básico de la redstone o en la inversión de fuentes de energía cercanas, y se utiliza para enviar señales de redstone hacia arriba o hacia abajo en diversos mecanismos.

### CONSEJO

En este ejemplo se muestra el uso de otras fuentes de energía para apagar la antorcha que está hasta abajo, lo que modifica el orden de la inversión.

### TRANSMISIÓN VERTICAL BÁSICA

La manera más fácil de crear circuitos verticales es aprovechar la capacidad natural de la redstone para conectarse entre bloques ubicados un espacio más arriba o más abajo. Si bien esto requiere bastante espacio, la redstone se extenderá verticalmente y formará «escaleras» espirales.

### TORRE DE ANTORCHAS

La antorcha de redstone transmite una señal a través del bloque superior, la cual desactiva la antorcha que está sobre éste. Gracias a esto, la siguiente antorcha se mantiene activa, y así sucesivamente. Pese a ello, el uso de pares de antorchas y de bloques sólidos le resta precisión a este circuito.

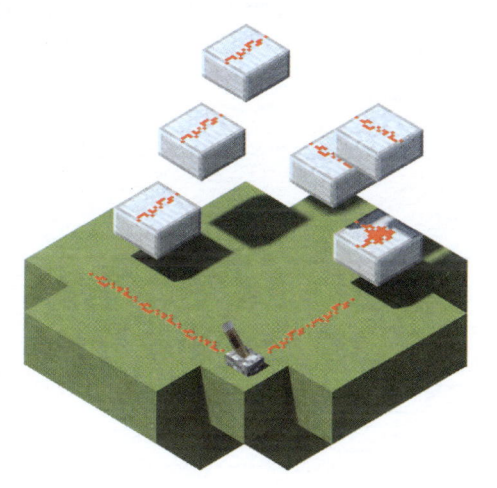

### ESCALERA DE REDSTONE
A diferencia de los bloques completos, los de media altura no interrumpen la señal de polvo de redstone si se los coloca en formación alternada. Colócalos en la mitad superior de un espacio para bloque para formar escaleras. Las tolvas y los peldaños invertidos funcionan de manera similar.

### TORRE DE PISTÓN ADHESIVO
Enviar una señal descendente en un espacio reducido es más difícil pero no imposible. En esta torre hay un bloque de redstone unido a un pistón adhesivo que apunta hacia abajo. Al activar el bloque que está sobre el pistón, éste empuja el bloque de redstone hacia el polvo de redstone y lo activa. Puedes apilar varios mecanismos como éste para enviar la señal desde una gran altura.

### TRANSMISIÓN COMBINADA
Cada circuito de transmisión tiene ventajas y desventajas: unos ocupan mucho espacio, otros pueden apilarse hasta cierto límite, y otros más transmiten señales en un solo sentido, ascendente o descendente. Combina los diferentes sistemas de manera que unos compensen las limitaciones de otro.

# EXHIBIDOR DE ARMADURAS

Para que veas la transmisión vertical en acción construiremos un exhibidor de armaduras que será además un ingenioso aditamento a tu guardarropa. Con sólo accionar una palanca, te mostrará tus armaduras una tras otra para que puedas elegir la más adecuada para tu siguiente aventura.

**LO QUE NECESITAS:**

| | | | | | | | | | |
|---|---|---|---|---|---|---|---|---|---|
| 3 | 1 | 2 | 8 | 3 | 4 | 1 | 2 | 8 | 1 | 1 |

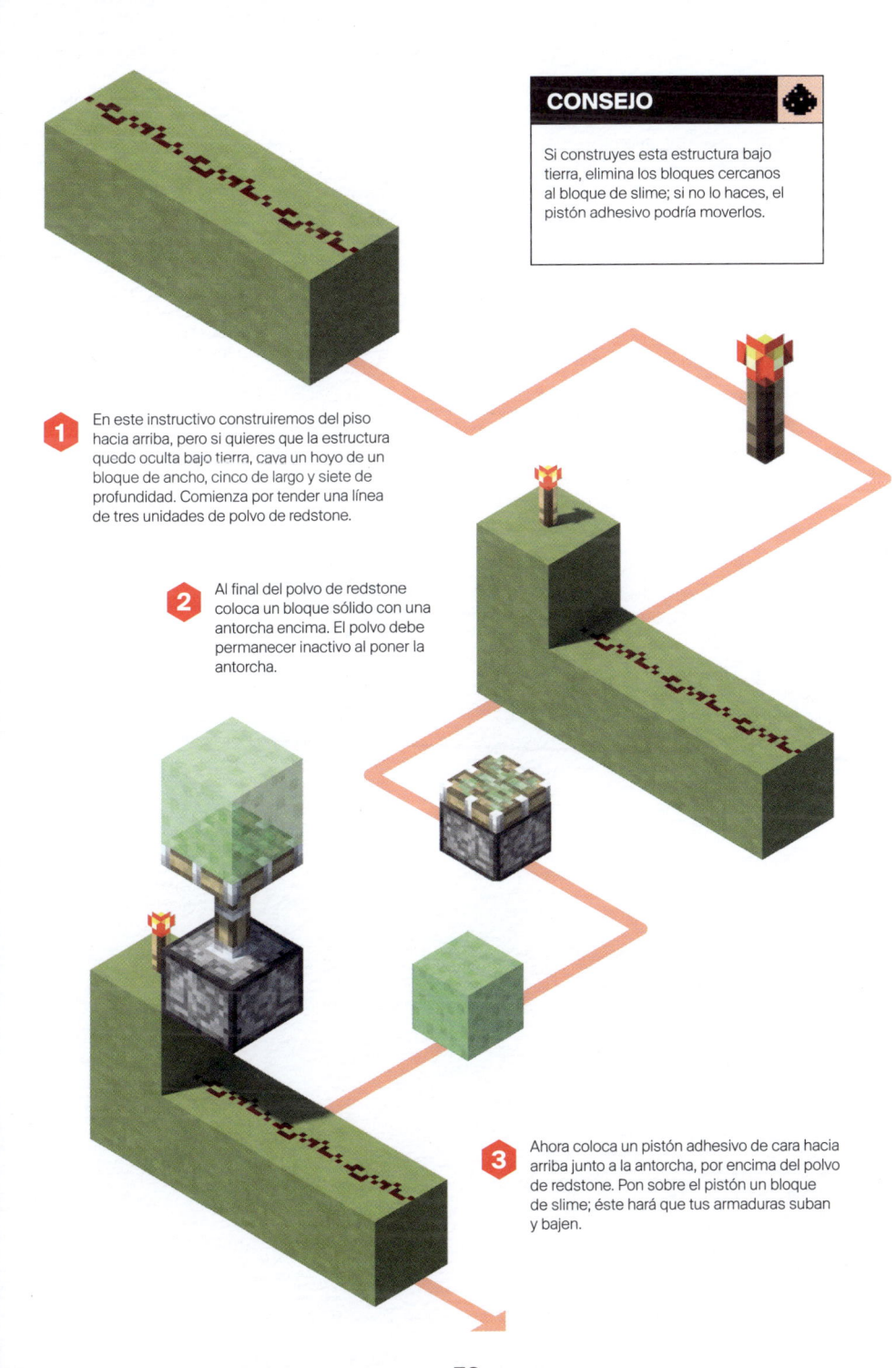

## CONSEJO

Si construyes esta estructura bajo tierra, elimina los bloques cercanos al bloque de slime; si no lo haces, el pistón adhesivo podría moverlos.

**1** En este instructivo construiremos del piso hacia arriba, pero si quieres que la estructura quede oculta bajo tierra, cava un hoyo de un bloque de ancho, cinco de largo y siete de profundidad. Comienza por tender una línea de tres unidades de polvo de redstone.

**2** Al final del polvo de redstone coloca un bloque sólido con una antorcha encima. El polvo debe permanecer inactivo al poner la antorcha.

**3** Ahora coloca un pistón adhesivo de cara hacia arriba junto a la antorcha, por encima del polvo de redstone. Pon sobre el pistón un bloque de slime; éste hará que tus armaduras suban y bajen.

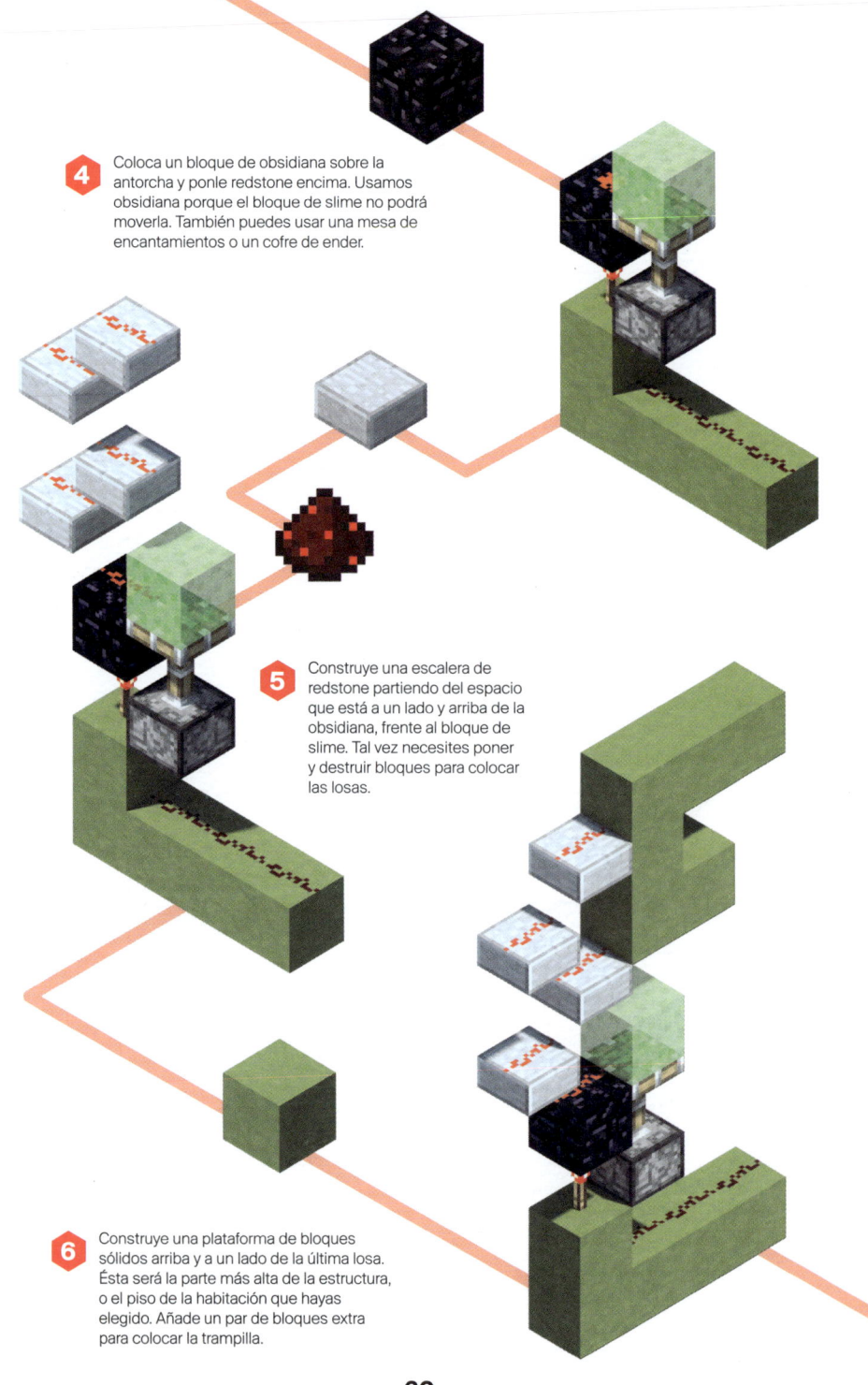

**4** Coloca un bloque de obsidiana sobre la antorcha y ponle redstone encima. Usamos obsidiana porque el bloque de slime no podrá moverla. También puedes usar una mesa de encantamientos o un cofre de ender.

**5** Construye una escalera de redstone partiendo del espacio que está a un lado y arriba de la obsidiana, frente al bloque de slime. Tal vez necesites poner y destruir bloques para colocar las losas.

**6** Construye una plataforma de bloques sólidos arriba y a un lado de la última losa. Ésta será la parte más alta de la estructura, o el piso de la habitación que hayas elegido. Añade un par de bloques extra para colocar la trampilla.

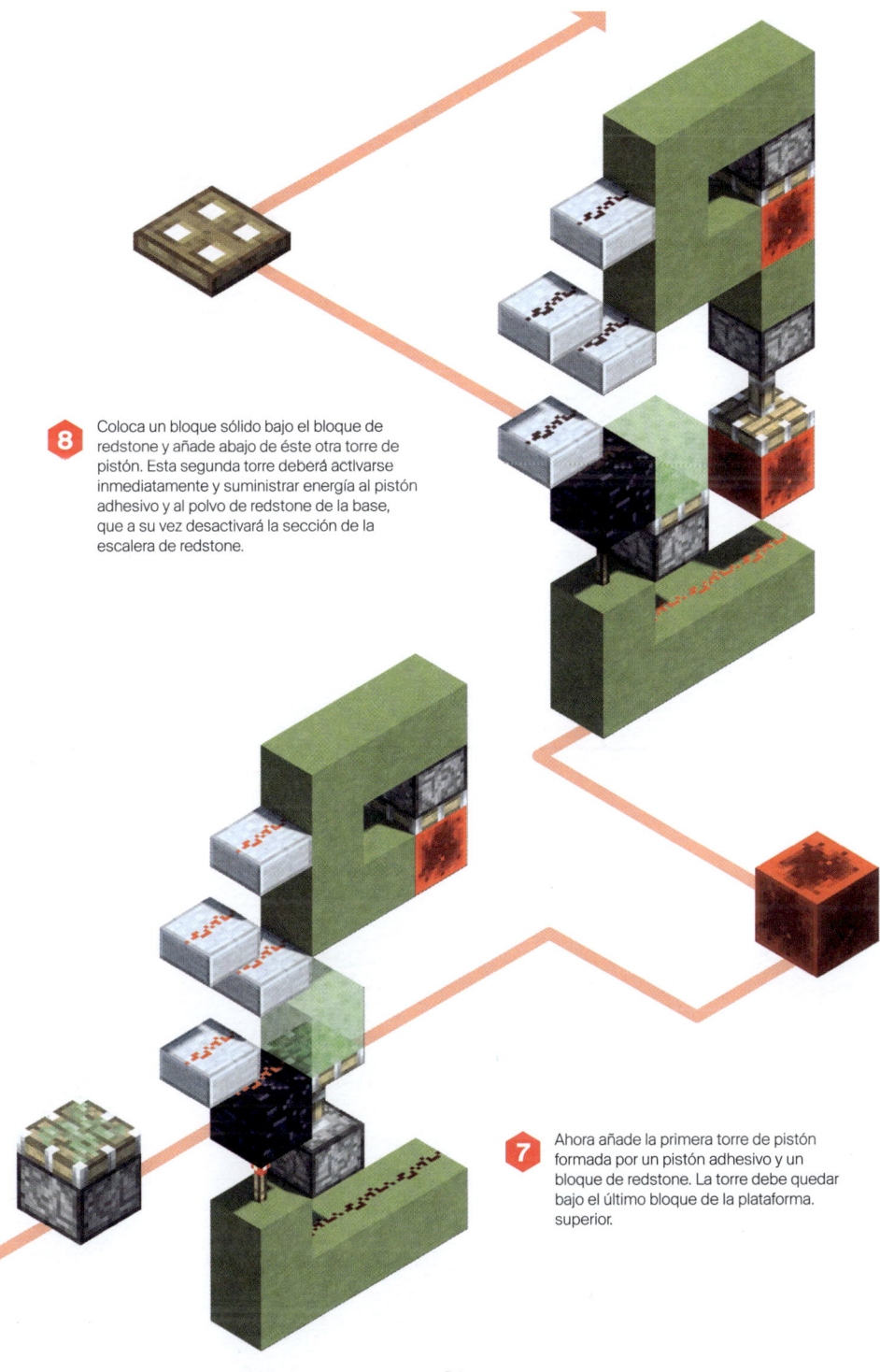

**8** Coloca un bloque sólido bajo el bloque de redstone y añade abajo de éste otra torre de pistón. Esta segunda torre deberá activarse inmediatamente y suministrar energía al pistón adhesivo y al polvo de redstone de la base, que a su vez desactivará la sección de la escalera de redstone.

**7** Ahora añade la primera torre de pistón formada por un pistón adhesivo y un bloque de redstone. La torre debe quedar bajo el último bloque de la plataforma. superior.

61

**RECETA PARA TRAMPILLA**

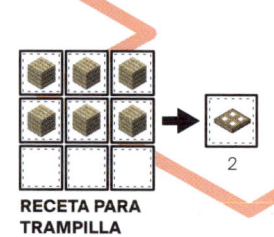

**9** Destruye el bloque que está entre las dos torres de pistones adhesivos, y también la pila de bloques sólidos que está sobre el bloque de slime. Luego, coloca trampillas al lado de los dos bloques sólidos que quedaron arriba del bloque de slime.

**10** Pon una palanca en el bloque que está sobre la torre de pistones. Jálala dos veces y las trampillas se abrirán; jálala dos veces más y se cerrarán, listas para el siguiente paso.

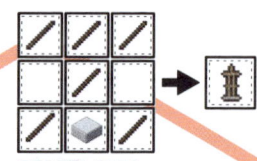

**RECETA PARA SOPORTE DE ARMADURAS**

62

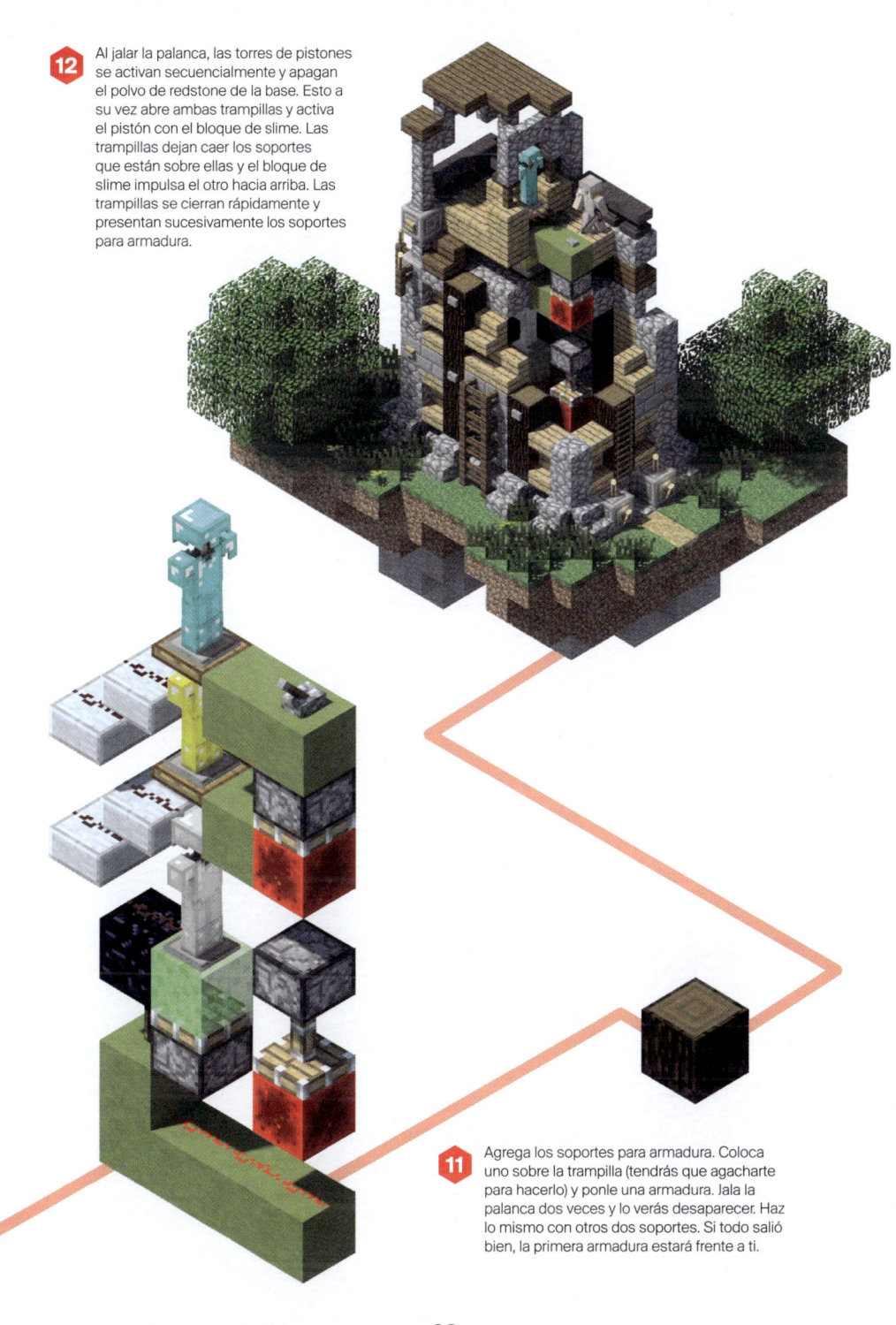

**12** Al jalar la palanca, las torres de pistones se activan secuencialmente y apagan el polvo de redstone de la base. Esto a su vez abre ambas trampillas y activa el pistón con el bloque de slime. Las trampillas dejan caer los soportes que están sobre ellas y el bloque de slime impulsa el otro hacia arriba. Las trampillas se cierran rápidamente y presentan sucesivamente los soportes para armadura.

**11** Agrega los soportes para armadura. Coloca uno sobre la trampilla (tendrás que agacharte para hacerlo) y ponle una armadura. Jala la palanca dos veces y lo verás desaparecer. Haz lo mismo con otros dos soportes. Si todo salió bien, la primera armadura estará frente a ti.

# 3

# ESTRUCTURAS MAYORES

Ahora que ya eres un maestro de la redstone, es momento de dar un buen uso a esos conocimientos recién adquiridos. En esta última sección encontrarás proyectos grandes que incorporan los componentes y circuitos de redstone que aprendiste a construir en las secciones anteriores. ¡Realizarás construcciones verdaderamente asombrosas!

# ELEVADOR

Nuestra primera estructura grande combina la transmisión vertical, un observador, bloques de slime y obsidiana en un ingenioso elevador que viaja en ambas direcciones y al que puedes llamar ya sea que estés arriba o abajo. Es perfecto para edificios altos, como los rascacielos.

## LO QUE NECESITAS:

| 9 | 6 | 2 | 2 | 5 | 2 | 2 | 16 | 47 | 1 |

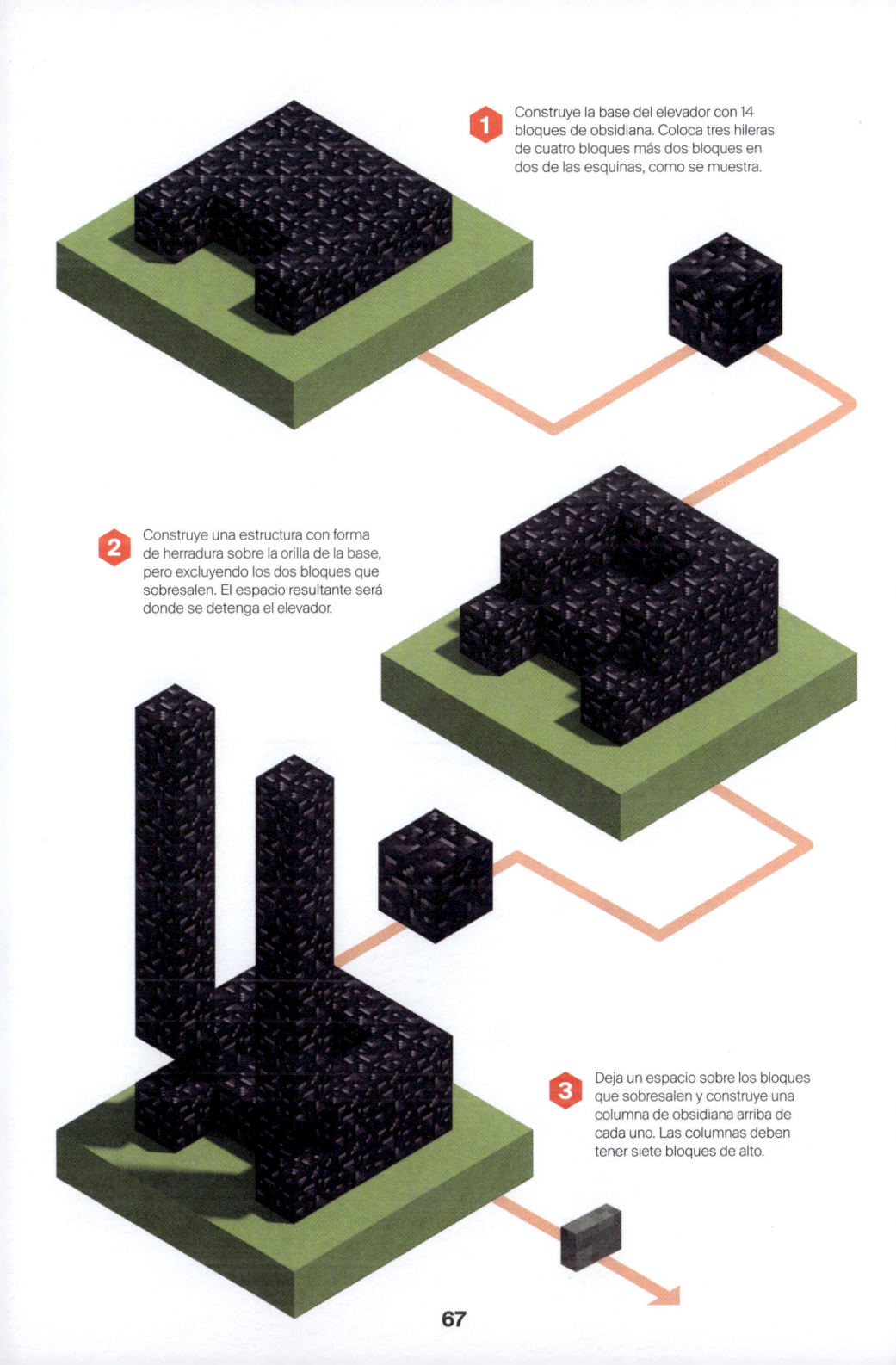

**1** Construye la base del elevador con 14 bloques de obsidiana. Coloca tres hileras de cuatro bloques más dos bloques en dos de las esquinas, como se muestra.

**2** Construye una estructura con forma de herradura sobre la orilla de la base, pero excluyendo los dos bloques que sobresalen. El espacio resultante será donde se detenga el elevador.

**3** Deja un espacio sobre los bloques que sobresalen y construye una columna de obsidiana arriba de cada uno. Las columnas deben tener siete bloques de alto.

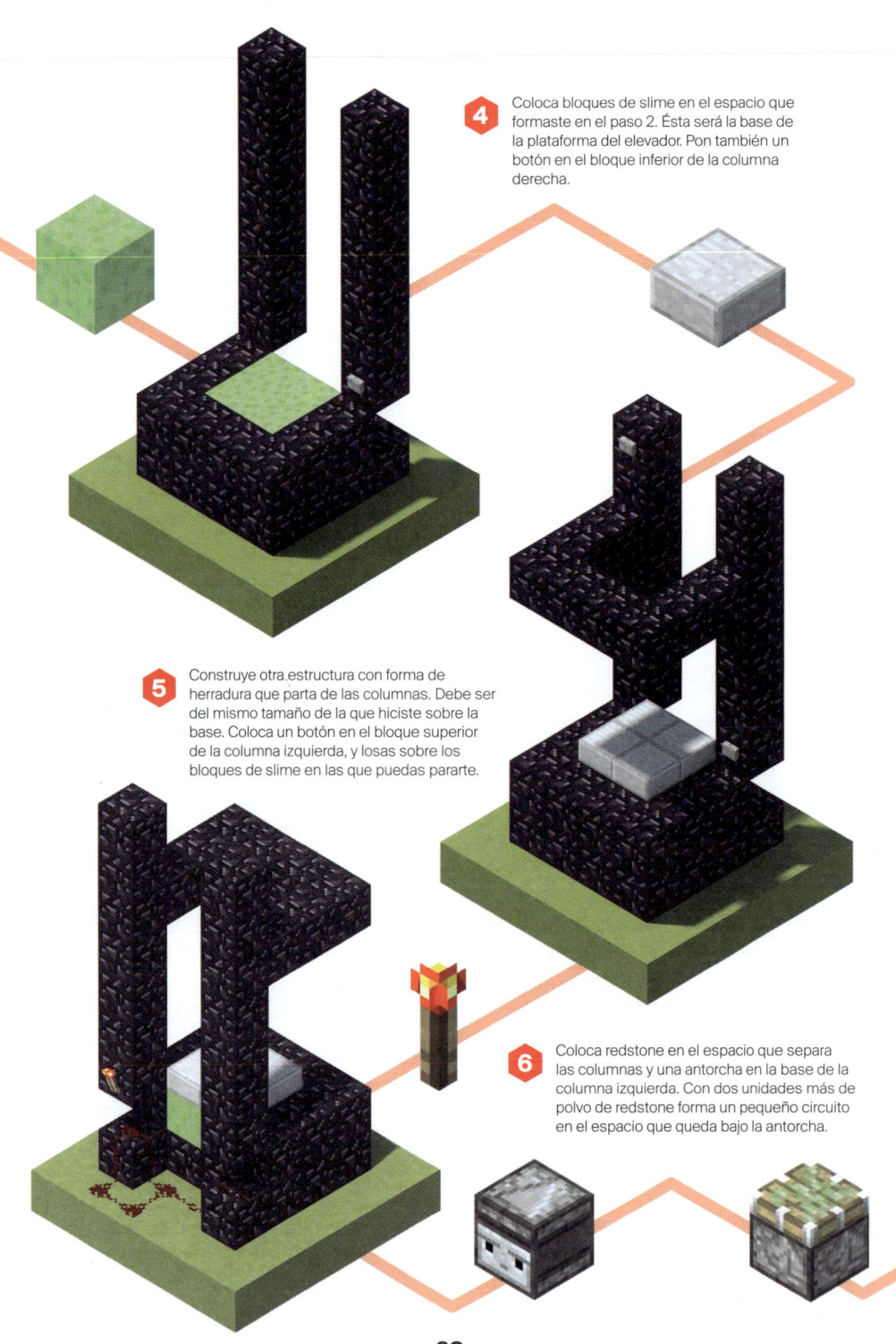

**4** Coloca bloques de slime en el espacio que formaste en el paso 2. Ésta será la base de la plataforma del elevador. Pon también un botón en el bloque inferior de la columna derecha.

**5** Construye otra estructura con forma de herradura que parta de las columnas. Debe ser del mismo tamaño de la que hiciste sobre la base. Coloca un botón en el bloque superior de la columna izquierda, y losas sobre los bloques de slime en las que puedas pararte.

**6** Coloca redstone en el espacio que separa las columnas y una antorcha en la base de la columna izquierda. Con dos unidades más de polvo de redstone forma un pequeño circuito en el espacio que queda bajo la antorcha.

**68**

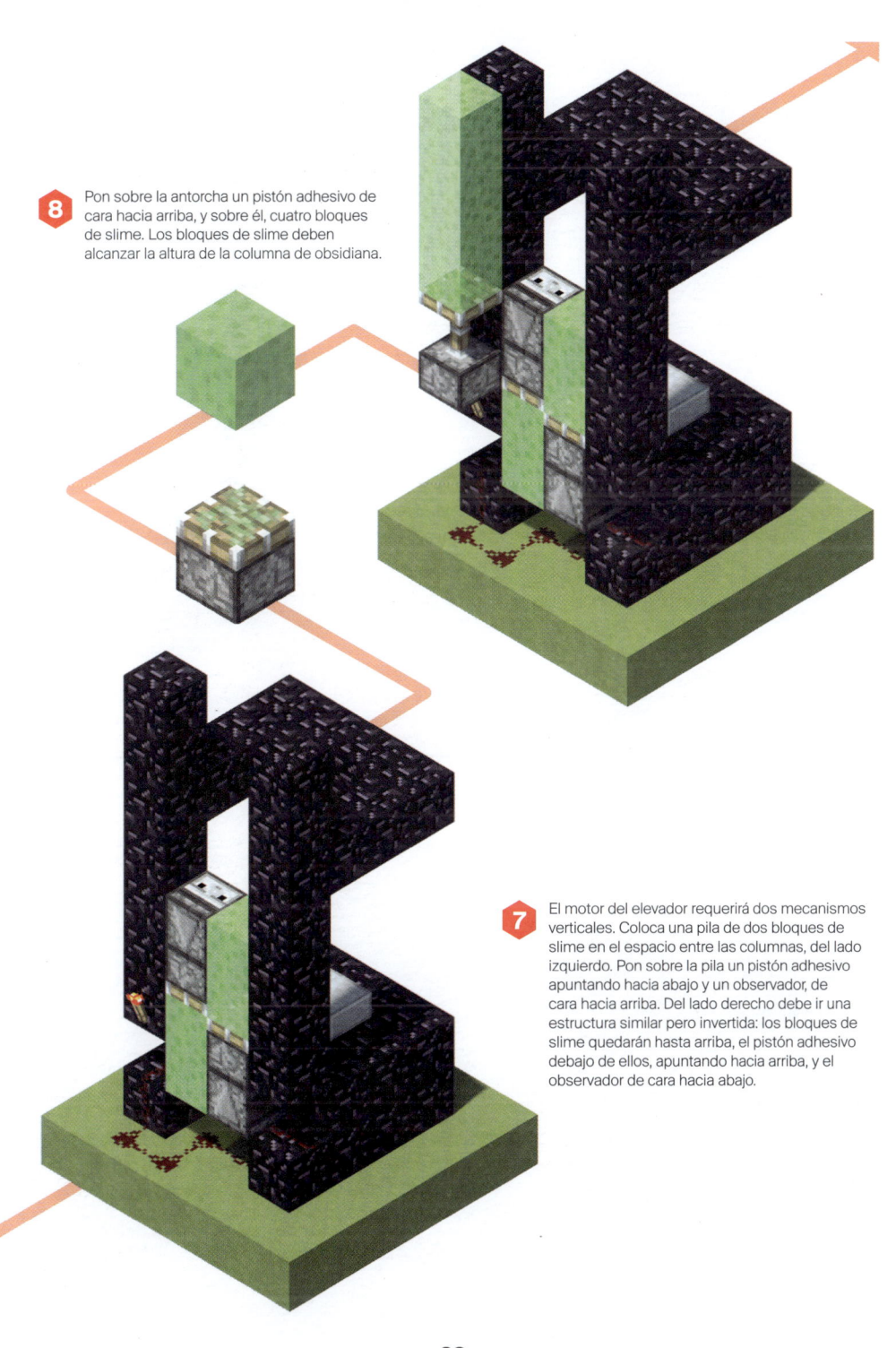

**8** Pon sobre la antorcha un pistón adhesivo de cara hacia arriba, y sobre él, cuatro bloques de slime. Los bloques de slime deben alcanzar la altura de la columna de obsidiana.

**7** El motor del elevador requerirá dos mecanismos verticales. Coloca una pila de dos bloques de slime en el espacio entre las columnas, del lado izquierdo. Pon sobre la pila un pistón adhesivo apuntando hacia abajo y un observador, de cara hacia arriba. Del lado derecho debe ir una estructura similar pero invertida: los bloques de slime quedarán hasta arriba, el pistón adhesivo debajo de ellos, apuntando hacia arriba, y el observador de cara hacia abajo.

**9** Pon una antorcha de redstone en el bloque superior de la columna derecha, deja un espacio y agrega un pistón adhesivo de cara hacia abajo. En la cabeza del pistón coloca cuatro bloques de slime y un bloque de redstone.

### CONSEJO

Si estás usando la Pocket Edition, coloca esta antorcha de redstone y el botón correspondiente un bloque más abajo.

**10** Coloca una losa en la mitad superior del espacio que está sobre la antorcha, y junto a esa losa un bloque sólido. Luego, pon un pistón adhesivo de cara a la pila de bloques de slime de la izquierda, y un bloque de redstone directamente sobre la pila.

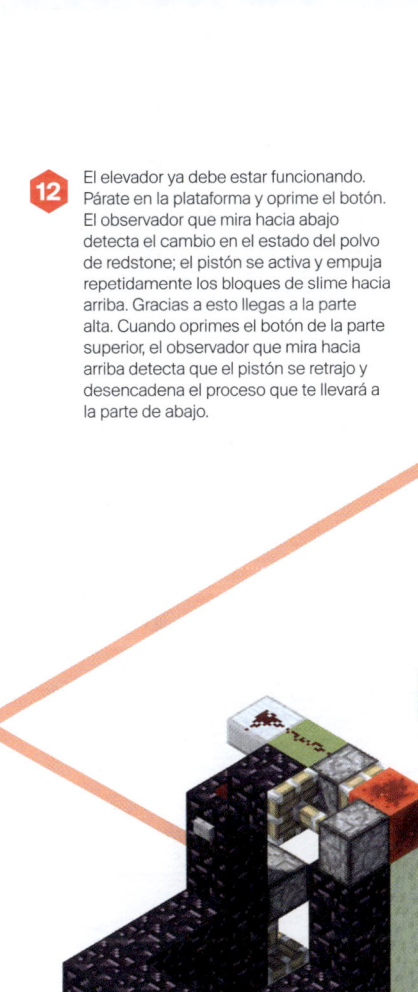

**12** El elevador ya debe estar funcionando. Párate en la plataforma y oprime el botón. El observador que mira hacia abajo detecta el cambio en el estado del polvo de redstone; el pistón se activa y empuja repetidamente los bloques de slime hacia arriba. Gracias a esto llegas a la parte alta. Cuando oprimes el botón de la parte superior, el observador que mira hacia arriba detecta que el pistón se retrajo y desencadena el proceso que te llevará a la parte de abajo.

**11** Tiende polvo de redstone sobre la losa, sobre el bloque sólido y sobre el último bloque de obsidiana de la columna izquierda. En la otra columna coloca un pistón adhesivo de cara hacia adentro. Deberá extenderse al instante. Pon un bloque de obsidiana en la cabeza del pistón.

### CONSEJO

Si quieres que el elevador alcance más altura, apila las torres laterales de pistones adhesivos. Sólo verifica que cada pistón empuje un máximo de 11 bloques de slime y uno de redstone.

# LANZADERA

Una manera rápida de viajar es planeando. Esta lanzadera para élitros, formada por un circuito de transmisión vertical, bloques de slime, dispensadores y dinamita, te propulsará en el aire para que puedas flotar fácilmente hacia tu destino.

**LO QUE NECESITAS:**

| 25 | 8 | 5 | 1 | 1 | 1 | 1 | 1 | 10 | 45 | 42 |

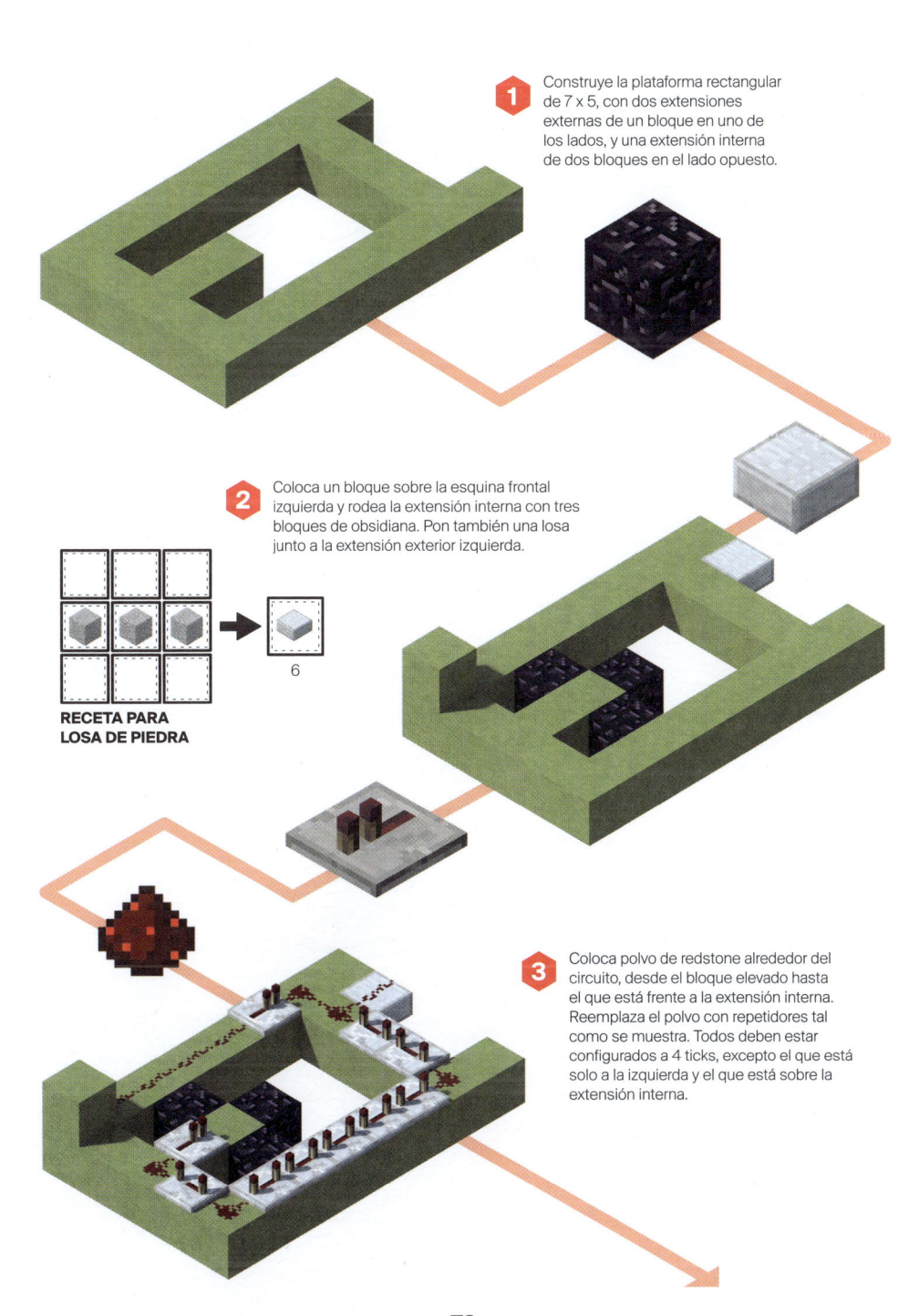

**1** Construye la plataforma rectangular de 7 x 5, con dos extensiones externas de un bloque en uno de los lados, y una extensión interna de dos bloques en el lado opuesto.

**2** Coloca un bloque sobre la esquina frontal izquierda y rodea la extensión interna con tres bloques de obsidiana. Pon también una losa junto a la extensión exterior izquierda.

6

**RECETA PARA LOSA DE PIEDRA**

**3** Coloca polvo de redstone alrededor del circuito, desde el bloque elevado hasta el que está frente a la extensión interna. Reemplaza el polvo con repetidores tal como se muestra. Todos deben estar configurados a 4 ticks, excepto el que está solo a la izquierda y el que está sobre la extensión interna.

73

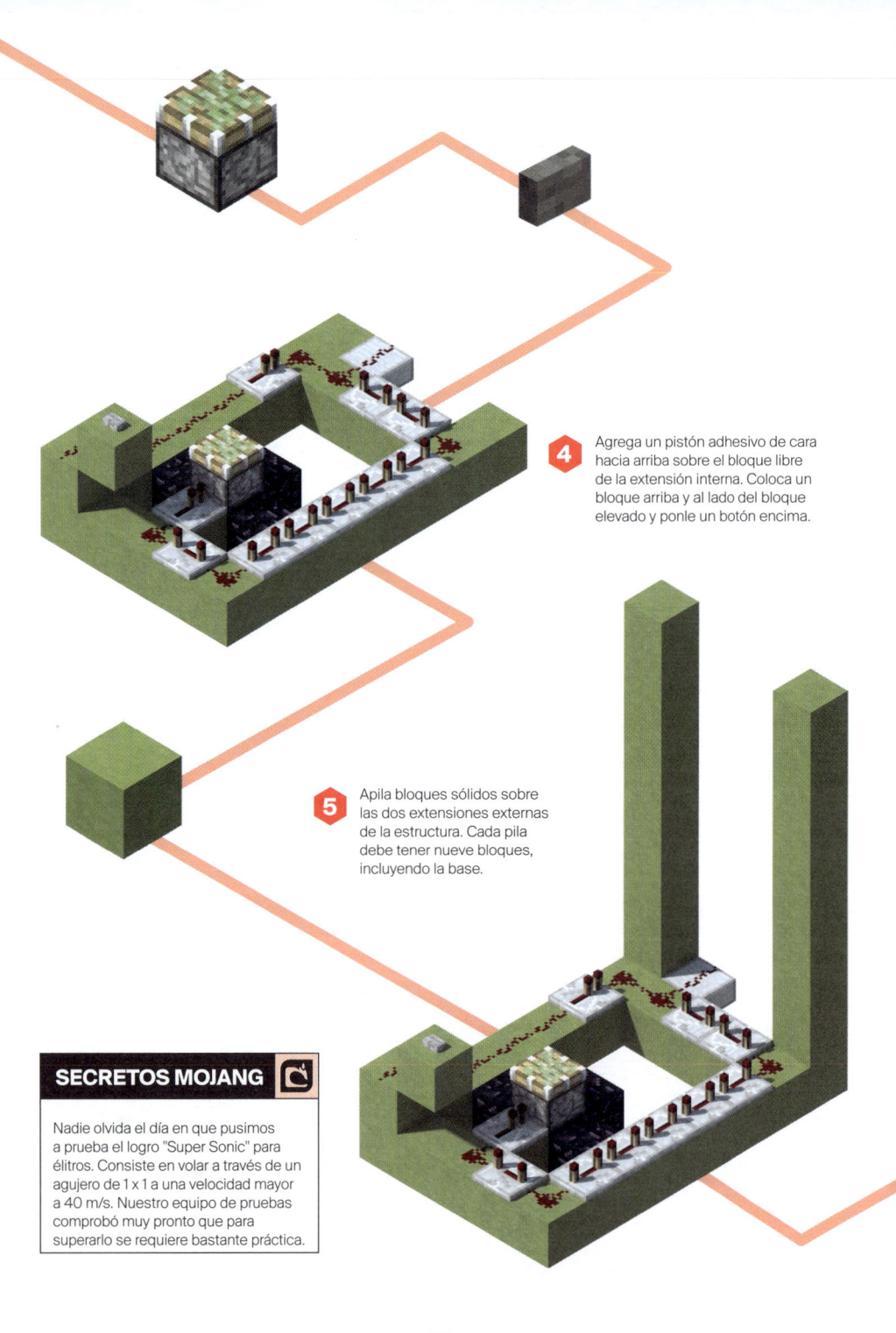

**4** Agrega un pistón adhesivo de cara hacia arriba sobre el bloque libre de la extensión interna. Coloca un bloque arriba y al lado del bloque elevado y ponle un botón encima.

**5** Apila bloques sólidos sobre las dos extensiones externas de la estructura. Cada pila debe tener nueve bloques, incluyendo la base.

### SECRETOS MOJANG

Nadie olvida el día en que pusimos a prueba el logro "Super Sonic" para élitros. Consiste en volar a través de un agujero de 1 x 1 a una velocidad mayor a 40 m/s. Nuestro equipo de pruebas comprobó muy pronto que para superarlo se requiere bastante práctica.

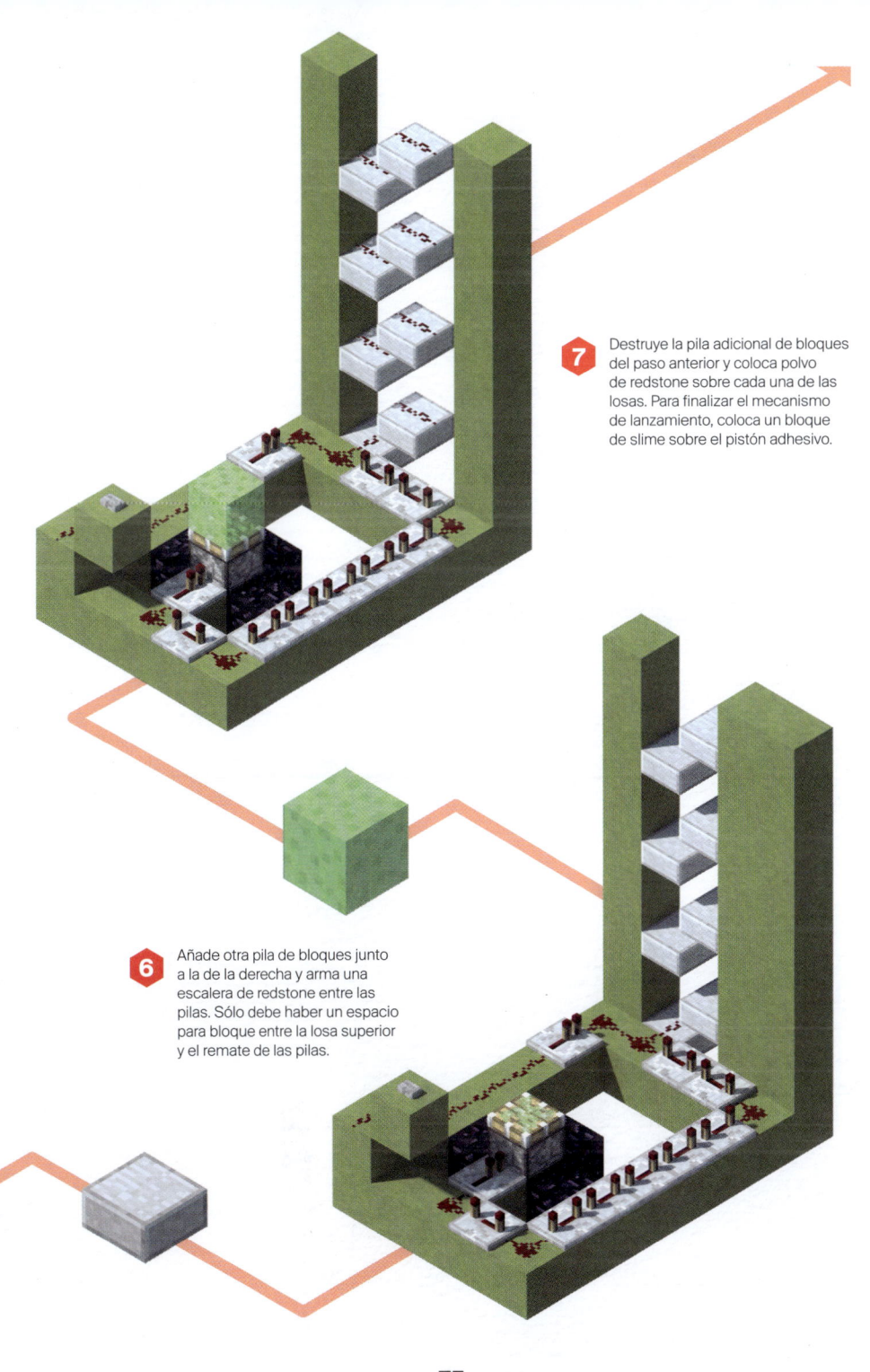

**7** Destruye la pila adicional de bloques del paso anterior y coloca polvo de redstone sobre cada una de las losas. Para finalizar el mecanismo de lanzamiento, coloca un bloque de slime sobre el pistón adhesivo.

**6** Añade otra pila de bloques junto a la de la derecha y arma una escalera de redstone entre las pilas. Sólo debe haber un espacio para bloque entre la losa superior y el remate de las pilas.

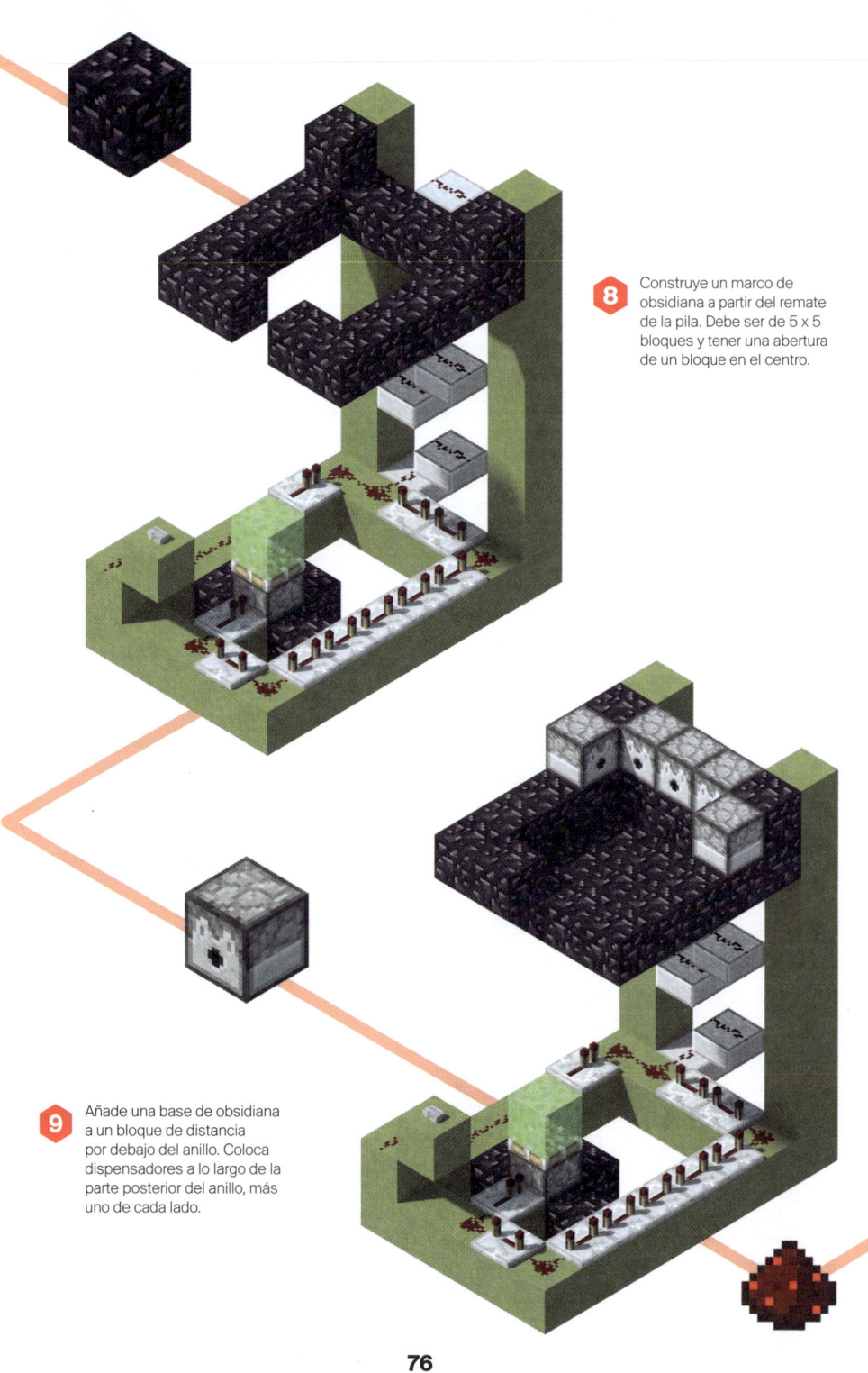

**8** Construye un marco de obsidiana a partir del remate de la pila. Debe ser de 5 x 5 bloques y tener una abertura de un bloque en el centro.

**9** Añade una base de obsidiana a un bloque de distancia por debajo del anillo. Coloca dispensadores a lo largo de la parte posterior del anillo, más uno de cada lado.

76

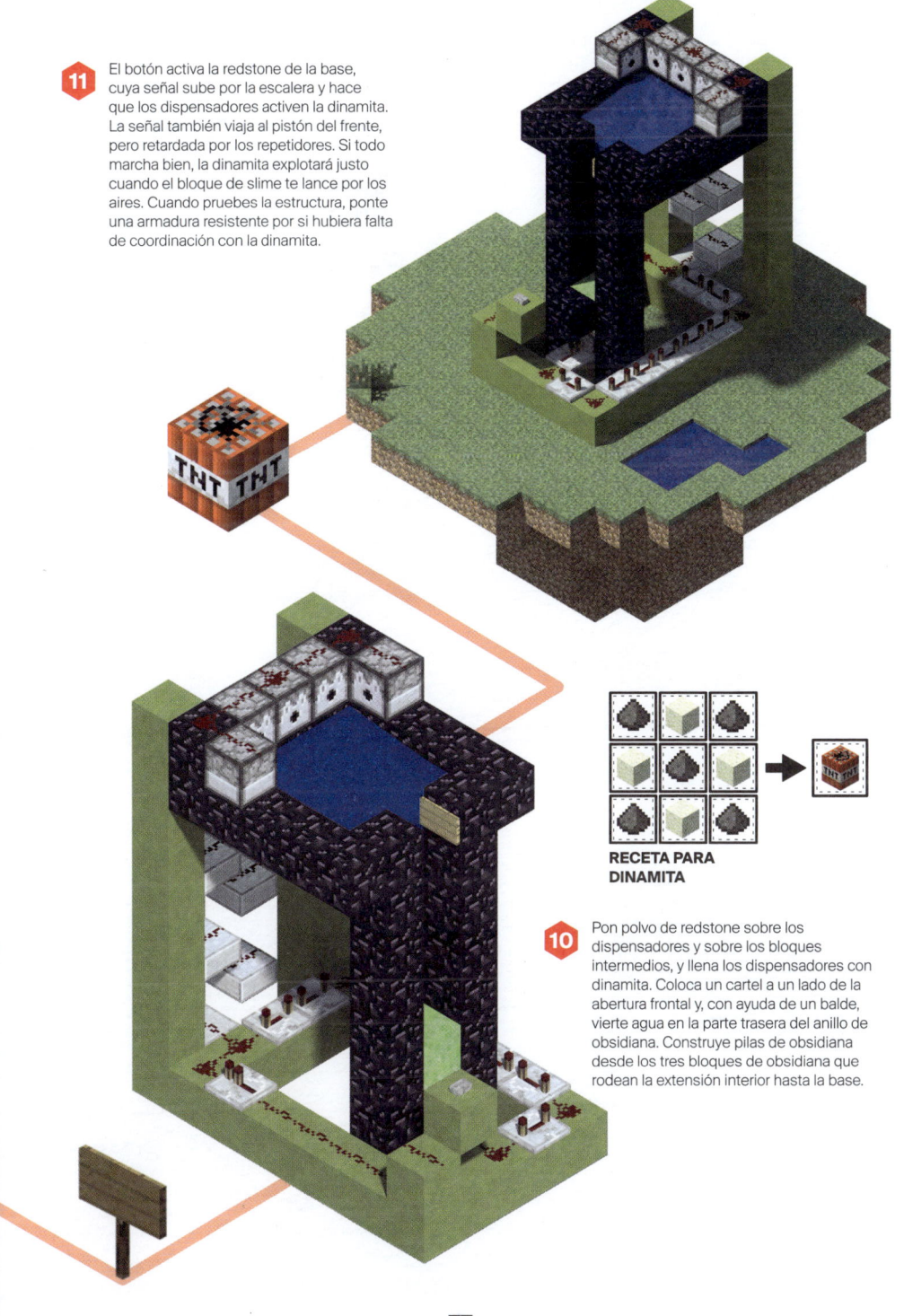

**11** El botón activa la redstone de la base, cuya señal sube por la escalera y hace que los dispensadores activen la dinamita. La señal también viaja al pistón del frente, pero retardada por los repetidores. Si todo marcha bien, la dinamita explotará justo cuando el bloque de slime te lance por los aires. Cuando pruebes la estructura, ponte una armadura resistente por si hubiera falta de coordinación con la dinamita.

**RECETA PARA DINAMITA**

**10** Pon polvo de redstone sobre los dispensadores y sobre los bloques intermedios, y llena los dispensadores con dinamita. Coloca un cartel a un lado de la abertura frontal y, con ayuda de un balde, vierte agua en la parte trasera del anillo de obsidiana. Construye pilas de obsidiana desde los tres bloques de obsidiana que rodean la extensión interior hasta la base.

# PRENSA DE PISTONES

Es un buen ejemplo de trampa de pistones. Consta de placas de presión que activan dos grupos de pistones colocados uno arriba y otro abajo, y conectados mediante una torre de redstone. El resultado es una cámara mortal e inescapable.

**LO QUE NECESITAS:**

| 27 | 179 | 48 | 16 | 4 | 16 |

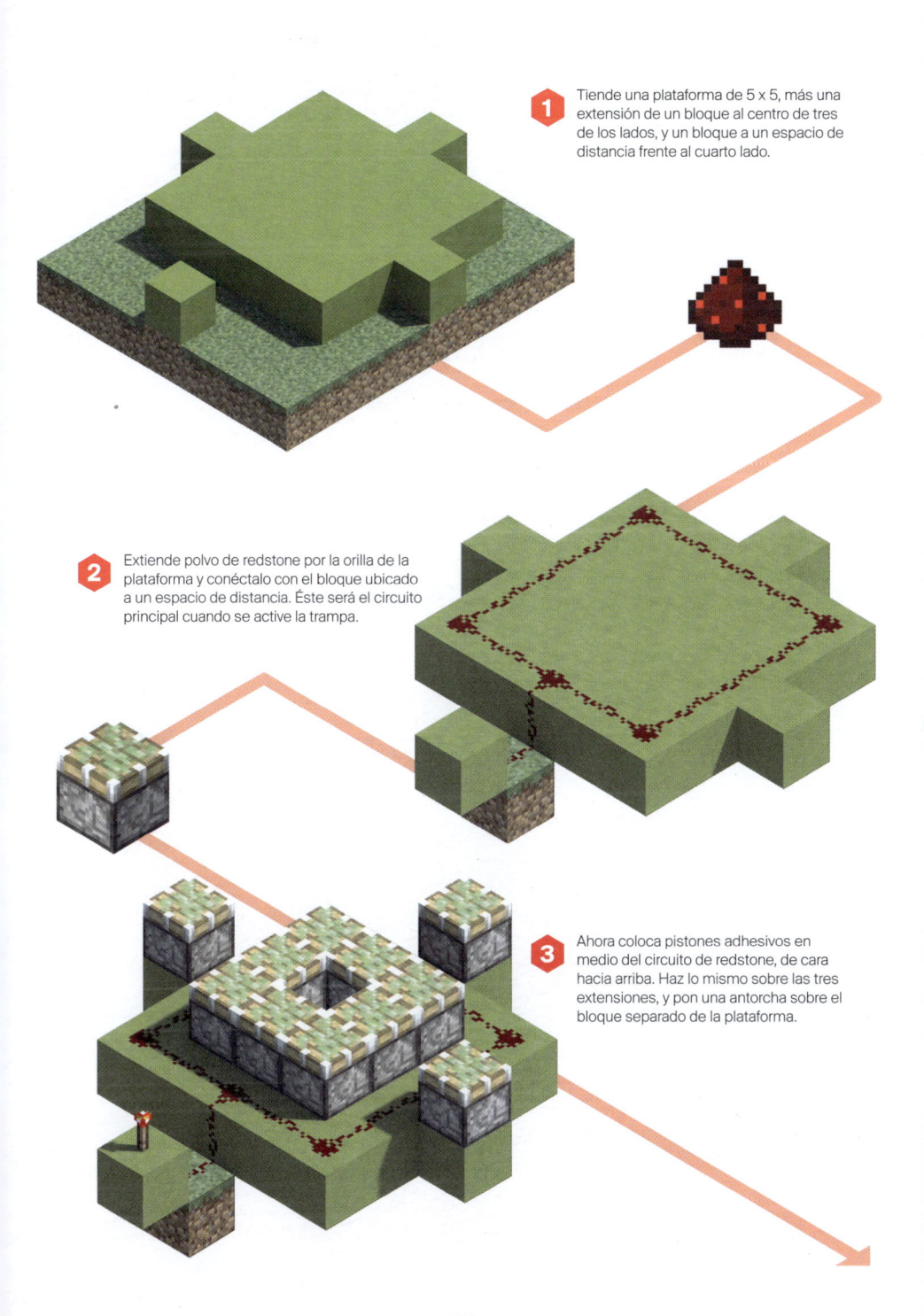

**1** Tiende una plataforma de 5 x 5, más una extensión de un bloque al centro de tres de los lados, y un bloque a un espacio de distancia frente al cuarto lado.

**2** Extiende polvo de redstone por la orilla de la plataforma y conéctalo con el bloque ubicado a un espacio de distancia. Éste será el circuito principal cuando se active la trampa.

**3** Ahora coloca pistones adhesivos en medio del circuito de redstone, de cara hacia arriba. Haz lo mismo sobre las tres extensiones, y pon una antorcha sobre el bloque separado de la plataforma.

79

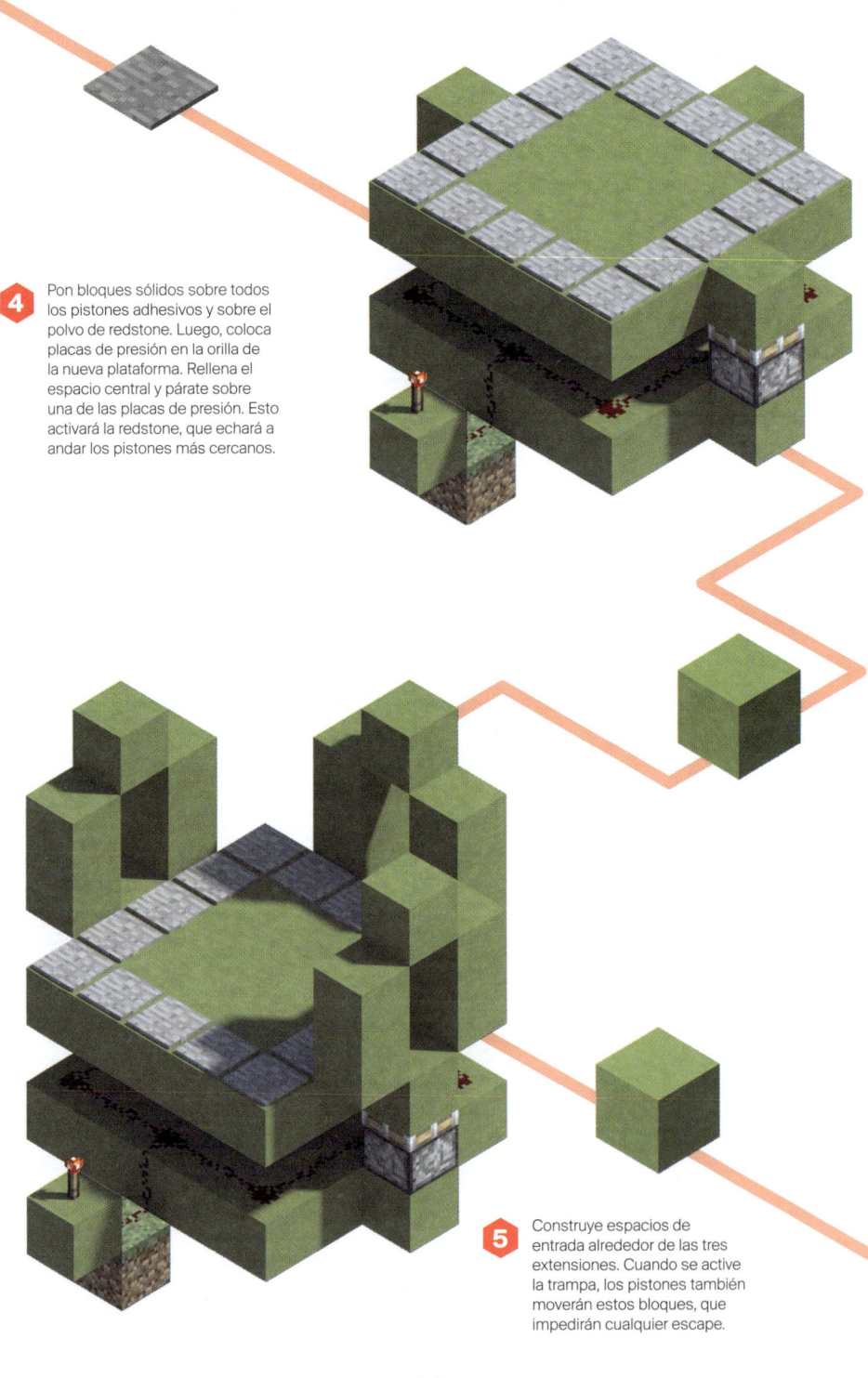

**4** Pon bloques sólidos sobre todos los pistones adhesivos y sobre el polvo de redstone. Luego, coloca placas de presión en la orilla de la nueva plataforma. Rellena el espacio central y párate sobre una de las placas de presión. Esto activará la redstone, que echará a andar los pistones más cercanos.

**5** Construye espacios de entrada alrededor de las tres extensiones. Cuando se active la trampa, los pistones también moverán estos bloques, que impedirán cualquier escape.

80

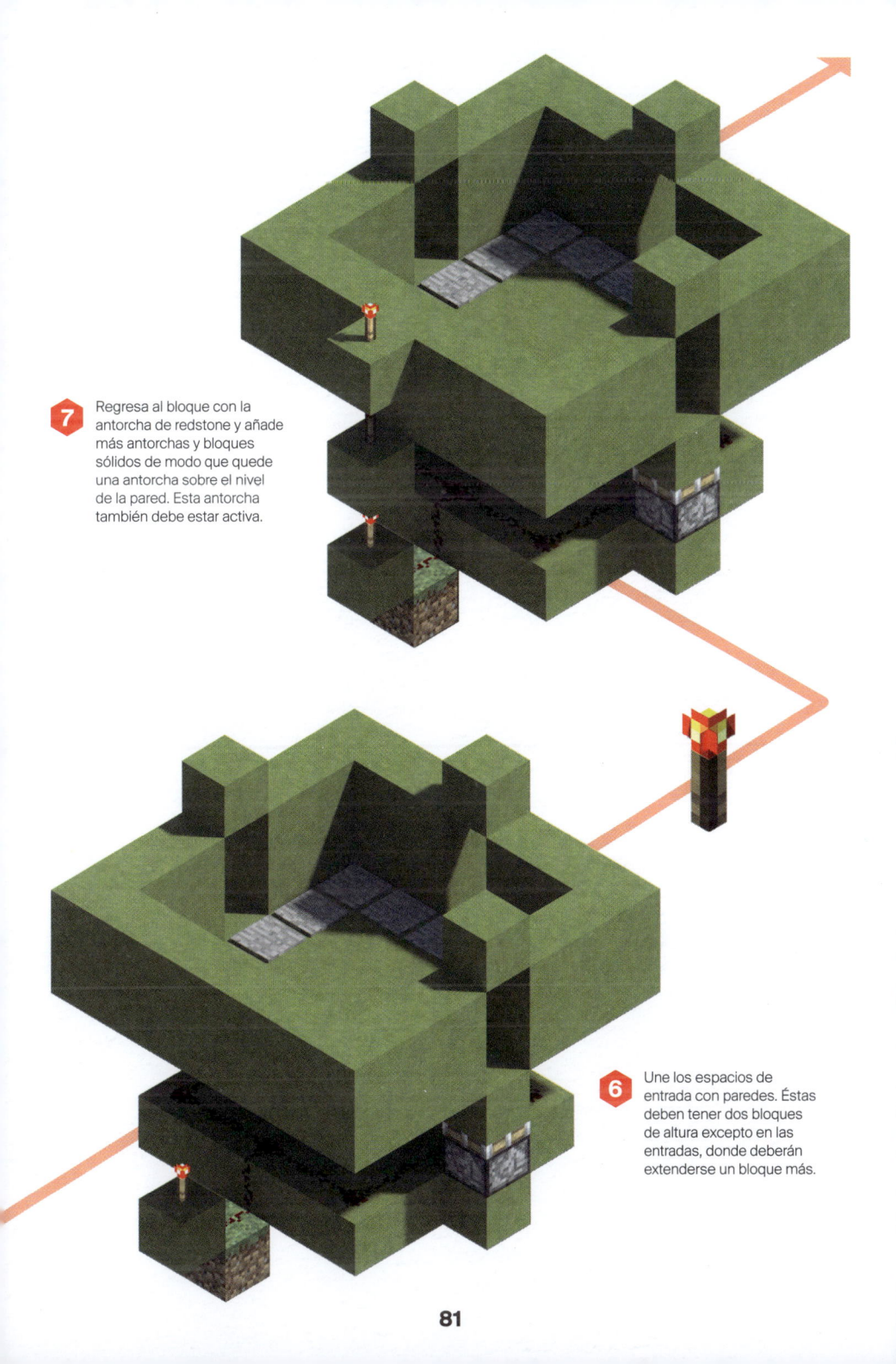

**7** Regresa al bloque con la antorcha de redstone y añade más antorchas y bloques sólidos de modo que quede una antorcha sobre el nivel de la pared. Esta antorcha también debe estar activa.

**6** Une los espacios de entrada con paredes. Éstas deben tener dos bloques de altura excepto en las entradas, donde deberán extenderse un bloque más.

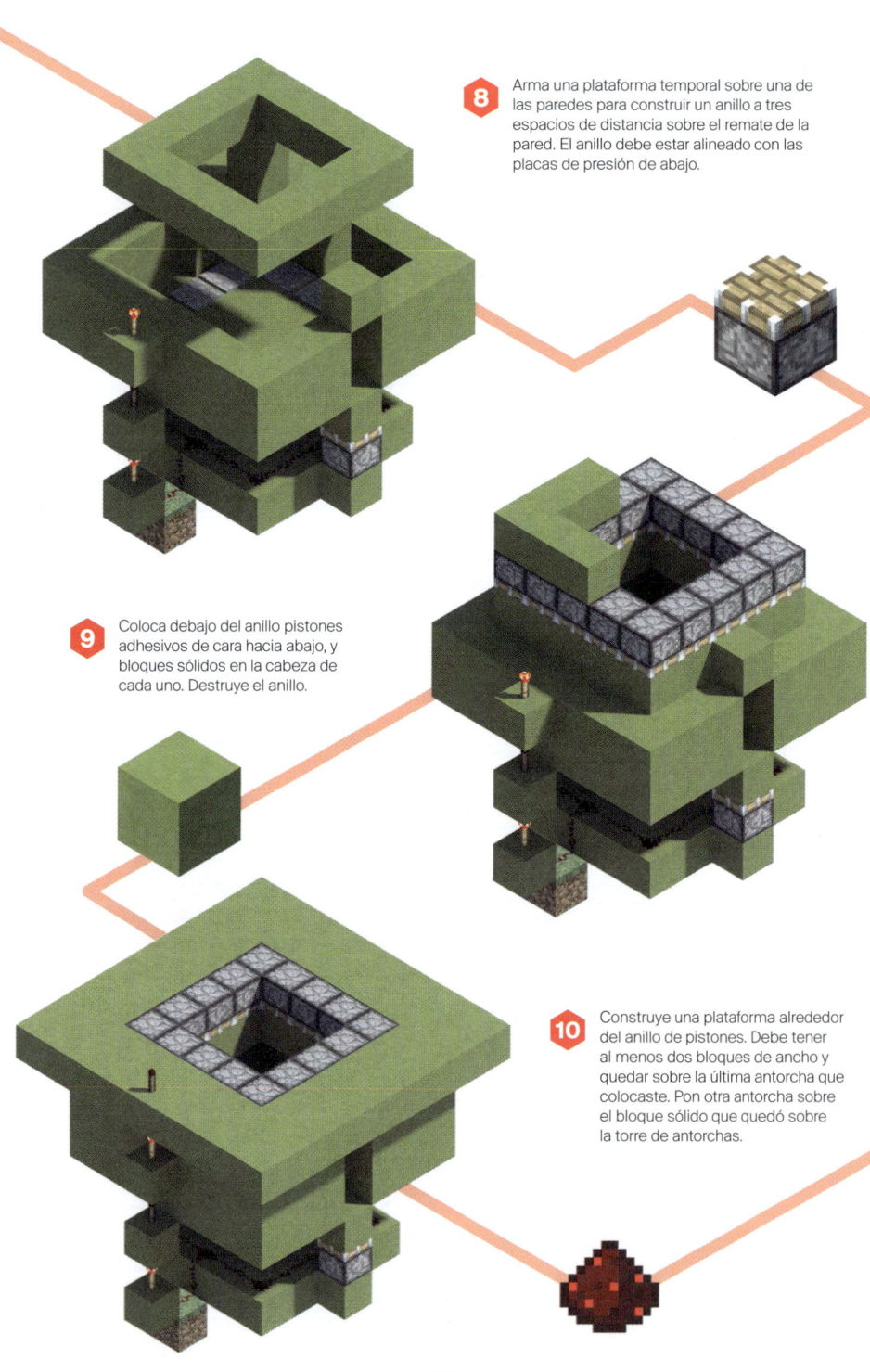

**8** Arma una plataforma temporal sobre una de las paredes para construir un anillo a tres espacios de distancia sobre el remate de la pared. El anillo debe estar alineado con las placas de presión de abajo.

**9** Coloca debajo del anillo pistones adhesivos de cara hacia abajo, y bloques sólidos en la cabeza de cada uno. Destruye el anillo.

**10** Construye una plataforma alrededor del anillo de pistones. Debe tener al menos dos bloques de ancho y quedar sobre la última antorcha que colocaste. Pon otra antorcha sobre el bloque sólido que quedó sobre la torre de antorchas.

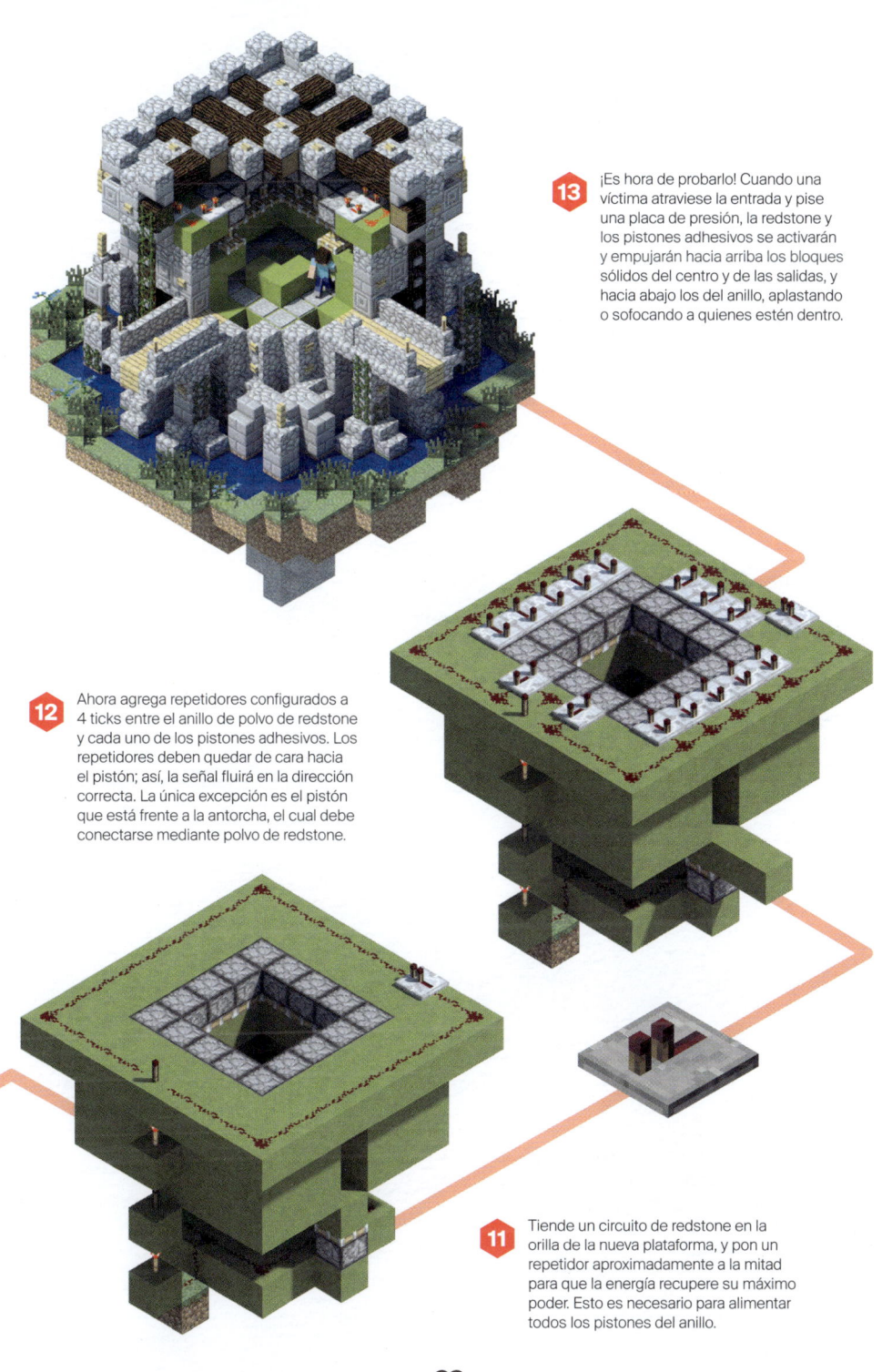

**13** ¡Es hora de probarlo! Cuando una víctima atraviese la entrada y pise una placa de presión, la redstone y los pistones adhesivos se activarán y empujarán hacia arriba los bloques sólidos del centro y de las salidas, y hacia abajo los del anillo, aplastando o sofocando a quienes estén dentro.

**12** Ahora agrega repetidores configurados a 4 ticks entre el anillo de polvo de redstone y cada uno de los pistones adhesivos. Los repetidores deben quedar de cara hacia el pistón; así, la señal fluirá en la dirección correcta. La única excepción es el pistón que está frente a la antorcha, el cual debe conectarse mediante polvo de redstone.

**11** Tiende un circuito de redstone en la orilla de la nueva plataforma, y pon un repetidor aproximadamente a la mitad para que la energía recupere su máximo poder. Esto es necesario para alimentar todos los pistones del anillo.

# LABORATORIO

Las pociones son muy útiles pero si requieren docenas de ingredientes, su preparación puede convertirse en una pesadilla. Este ingenioso laboratorio de redstone utiliza dispensadores para reunir los ingredientes necesarios y enviarlos a un soporte para pociones, ahorrándote gran parte del trabajo.

**LO QUE NECESITAS:**

| 3 | 8 | 4 | 1 | 2 | 17 | 2 | 14 | 15 | 11 | 7 |

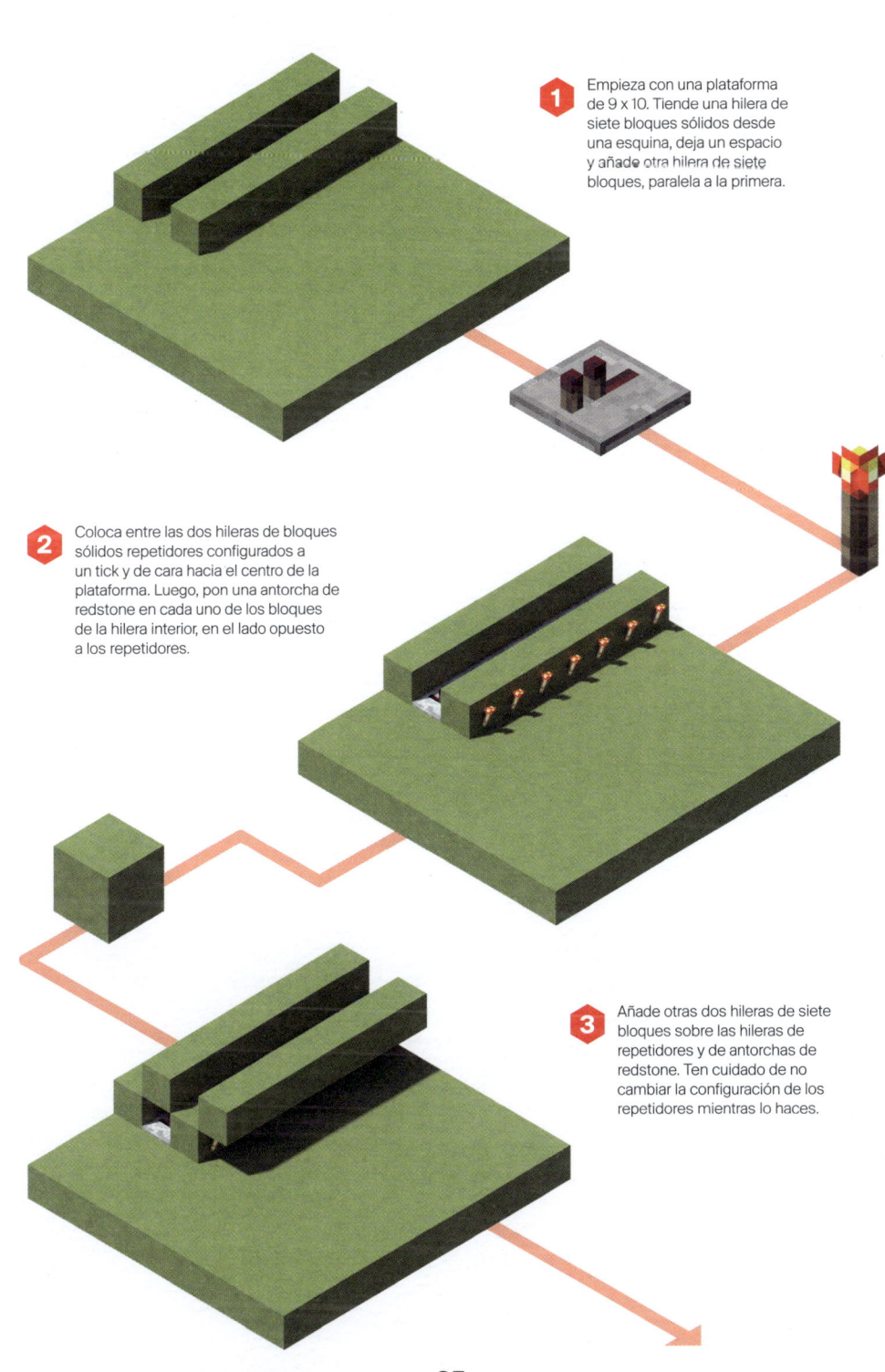

**1** Empieza con una plataforma de 9 x 10. Tiende una hilera de siete bloques sólidos desde una esquina, deja un espacio y añade otra hilera de siete bloques, paralela a la primera.

**2** Coloca entre las dos hileras de bloques sólidos repetidores configurados a un tick y de cara hacia el centro de la plataforma. Luego, pon una antorcha de redstone en cada uno de los bloques de la hilera interior, en el lado opuesto a los repetidores.

**3** Añade otras dos hileras de siete bloques sobre las hileras de repetidores y de antorchas de redstone. Ten cuidado de no cambiar la configuración de los repetidores mientras lo haces.

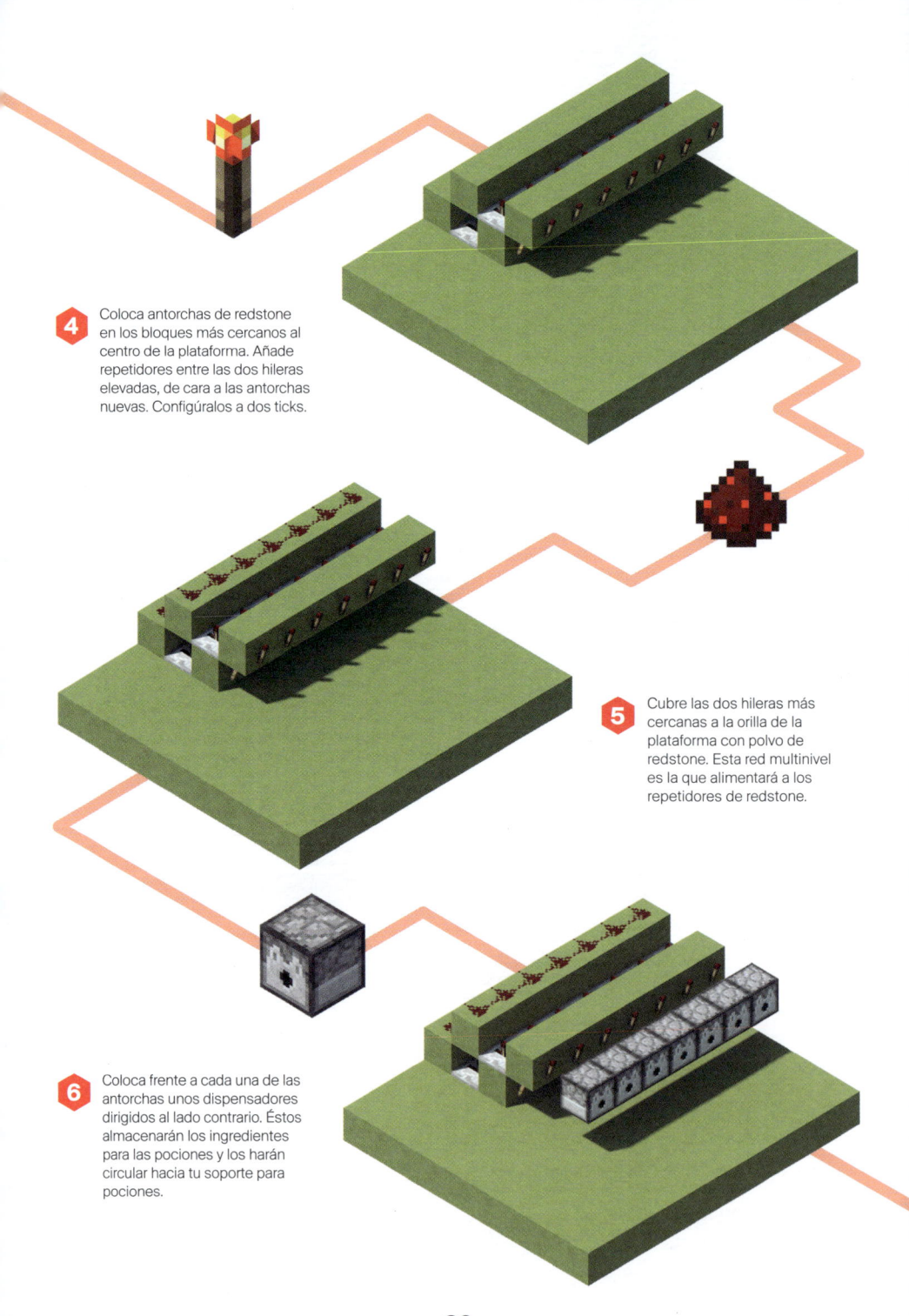

**4** Coloca antorchas de redstone en los bloques más cercanos al centro de la plataforma. Añade repetidores entre las dos hileras elevadas, de cara a las antorchas nuevas. Configúralos a dos ticks.

**5** Cubre las dos hileras más cercanas a la orilla de la plataforma con polvo de redstone. Esta red multinivel es la que alimentará a los repetidores de redstone.

**6** Coloca frente a cada una de las antorchas unos dispensadores dirigidos al lado contrario. Éstos almacenarán los ingredientes para las pociones y los harán circular hacia tu soporte para pociones.

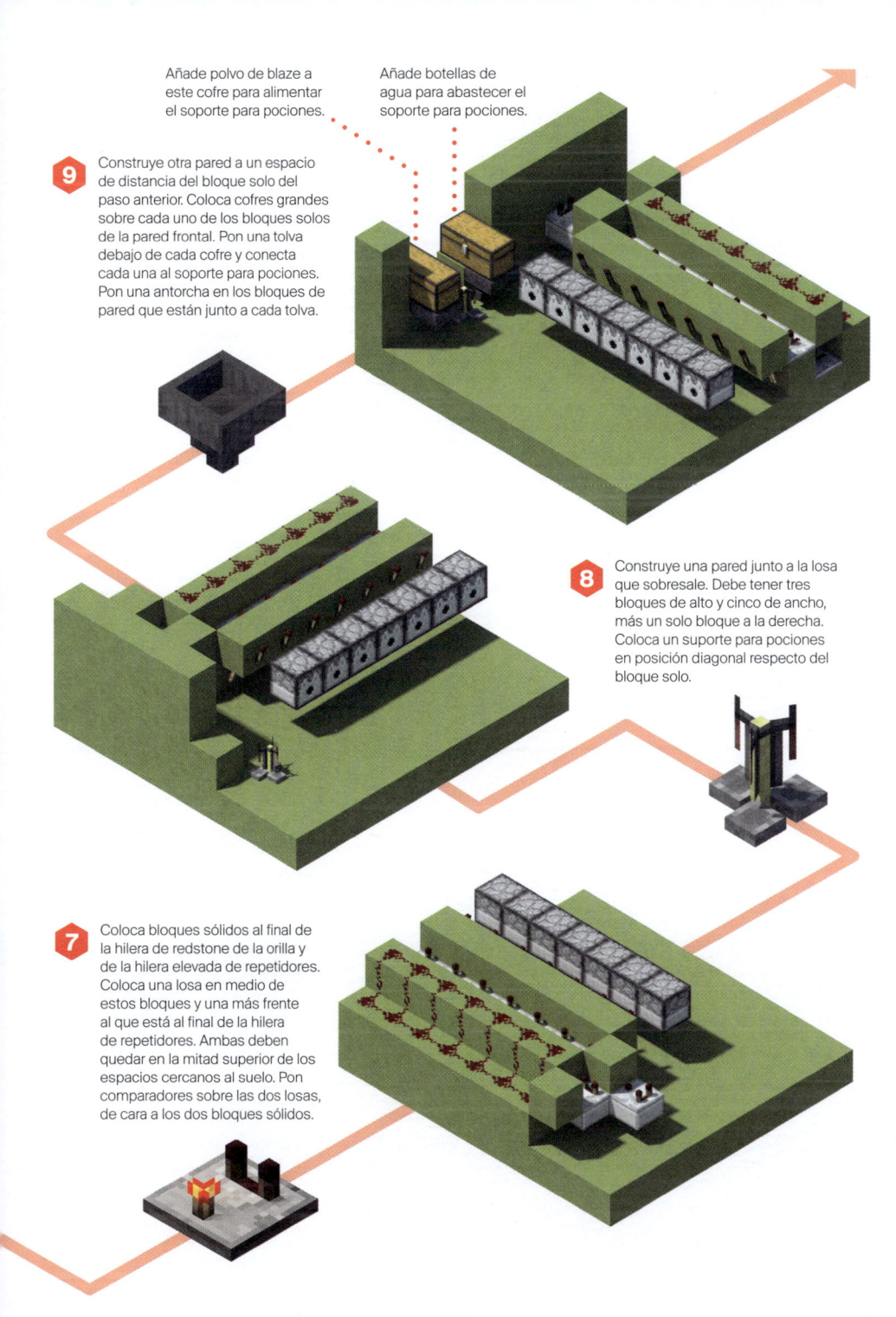

Añade polvo de blaze a este cofre para alimentar el soporte para pociones.

Añade botellas de agua para abastecer el soporte para pociones.

**9** Construye otra pared a un espacio de distancia del bloque solo del paso anterior. Coloca cofres grandes sobre cada uno de los bloques solos de la pared frontal. Pon una tolva debajo de cada cofre y conecta cada una al soporte para pociones. Pon una antorcha en los bloques de pared que están junto a cada tolva.

**8** Construye una pared junto a la losa que sobresale. Debe tener tres bloques de alto y cinco de ancho, más un solo bloque a la derecha. Coloca un suporte para pociones en posición diagonal respecto del bloque solo.

**7** Coloca bloques sólidos al final de la hilera de redstone de la orilla y de la hilera elevada de repetidores. Coloca una losa en medio de estos bloques y una más frente al que está al final de la hilera de repetidores. Ambas deben quedar en la mitad superior de los espacios cercanos al suelo. Pon comparadores sobre las dos losas, de cara a los dos bloques sólidos.

87

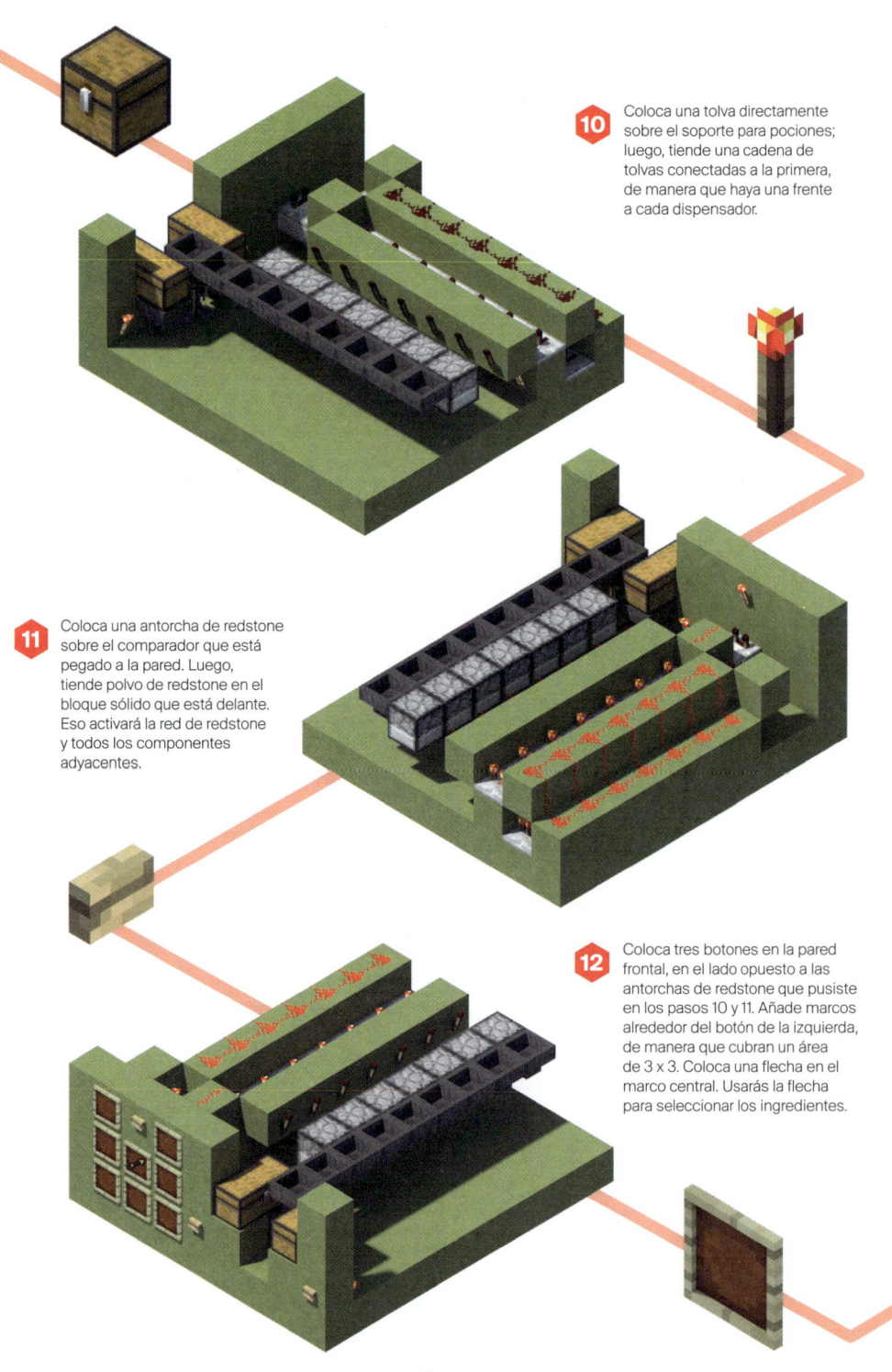

**10** Coloca una tolva directamente sobre el soporte para pociones; luego, tiende una cadena de tolvas conectadas a la primera, de manera que haya una frente a cada dispensador.

**11** Coloca una antorcha de redstone sobre el comparador que está pegado a la pared. Luego, tiende polvo de redstone en el bloque sólido que está delante. Eso activará la red de redstone y todos los componentes adyacentes.

**12** Coloca tres botones en la pared frontal, en el lado opuesto a las antorchas de redstone que pusiste en los pasos 10 y 11. Añade marcos alrededor del botón de la izquierda, de manera que cubran un área de 3 x 3. Coloca una flecha en el marco central. Usarás la flecha para seleccionar los ingredientes.

**14** ¡Listo! Oprime los botones que están a cada lado del soporte para pociones para suministrarle agua y energía. Haz girar la flecha de manera que apunte hacia el objeto que quieres agregar. El comparador ubicado al otro lado del marco detectará la dirección del objeto en el marco y emitirá la señal que corresponde a ese dispensador; el ingrediente caerá por la tolva y llegará al soporte para pociones.

## CONSEJO

En esta estructura, el comparador detecta la dirección de la flecha en el marco. Los comparadores también pueden detectar cuántas rebanadas quedan de un pastel, qué disco está en el tocadiscos, o si un bloque de portal al Fin contiene un ojo de ender.

**13** Pon un ingrediente en cada uno de los marcos y abastece el dispensador correspondiente con pilas de ese objeto. Fíjate en la numeración para saber qué posición activa cada dispensador.

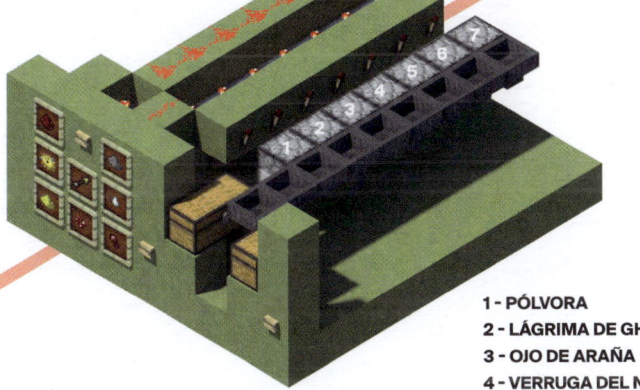

1 - PÓLVORA
2 - LÁGRIMA DE GHAST
3 - OJO DE ARAÑA
4 - VERRUGA DEL NETHER
5 - POLVO DE PIEDRA LUMINOSA
6 - PEZ GLOBO
7 - POLVO DE REDSTONE

# FARO DE REDSTONE

En nuestra última estructura combinaremos un sencillo reloj de antorchas con un circuito de transmisión vertical para construir un gran faro. Es un mecanismo perfecto para marcar tu territorio e iluminar el camino de quienes te visiten.

**LO QUE NECESITAS:**

24   54   5   12   97

**1** Empieza por levantar una torre de la altura que desees. En la punta construye una plataforma de 8 x 8 y elimina los bloques de las esquinas. Ésta será la base del faro.

**2** Tiende un anillo de polvo de redstone a la orilla de la plataforma, dejando dos espacios libres en cada lado. Deja otro espacio libre en una de las esquinas, como se muestra en la ilustración.

**3** Coloca en cada espacio un bloque sólido con una antorcha de redstone en un costado. Debe haber un número impar de antorchas para que se inviertan continuamente.

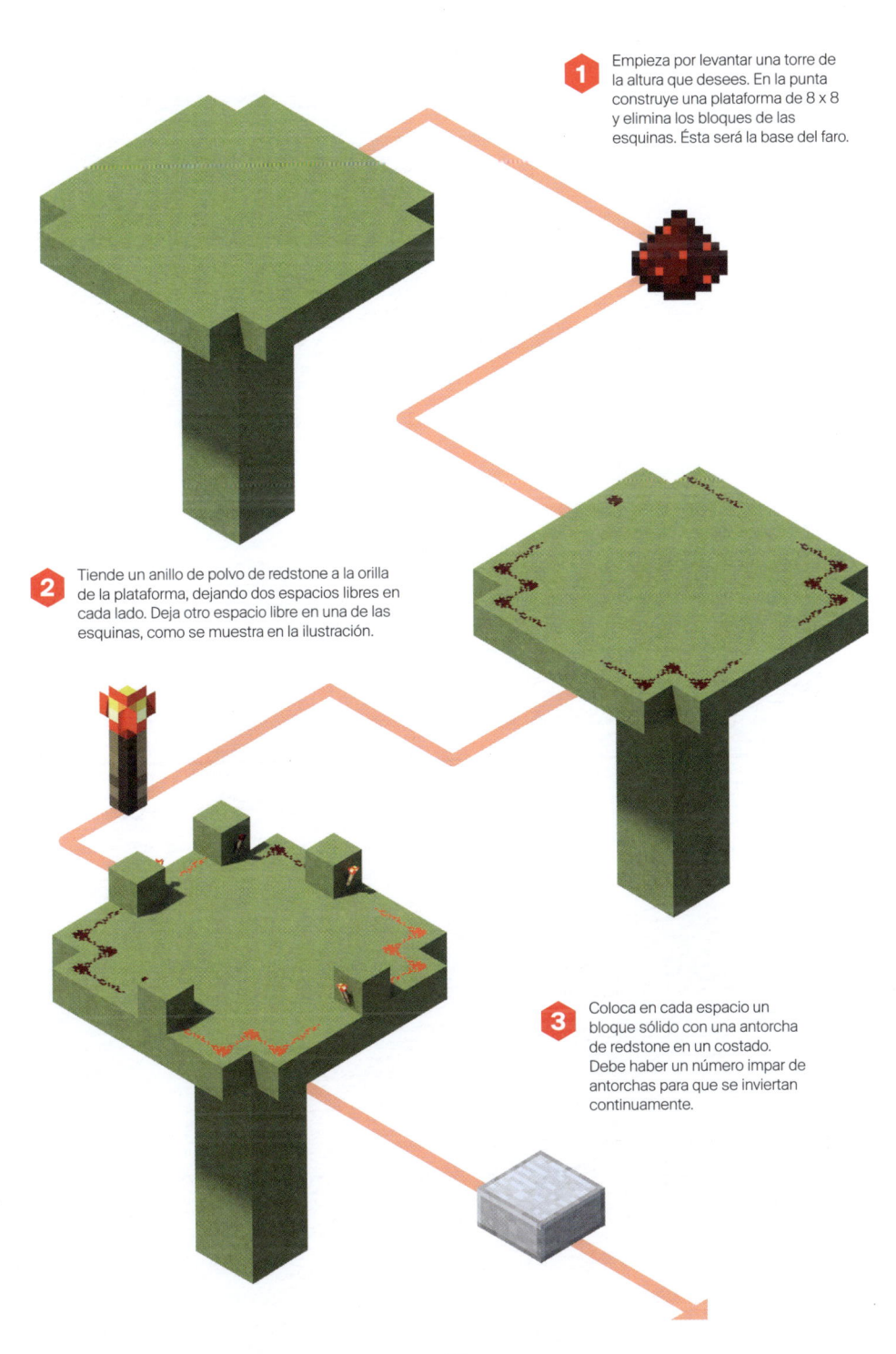

**4** Construye una pared incompleta junto a una de las antorchas. Luego, arma contra la pared una escalera con losas y polvo de redstone. Destruye la pared.

**5** Haz lo mismo en los otros tres lados del faro, de manera que haya cuatro escaleras, las cuales alimentarán alternadamente cada lado del faro.

**6** Añade hileras de lámparas de redstone en cada lado, evitando las esquinas. La cara superior de las lámparas debe estar a la misma altura de las losas más altas.

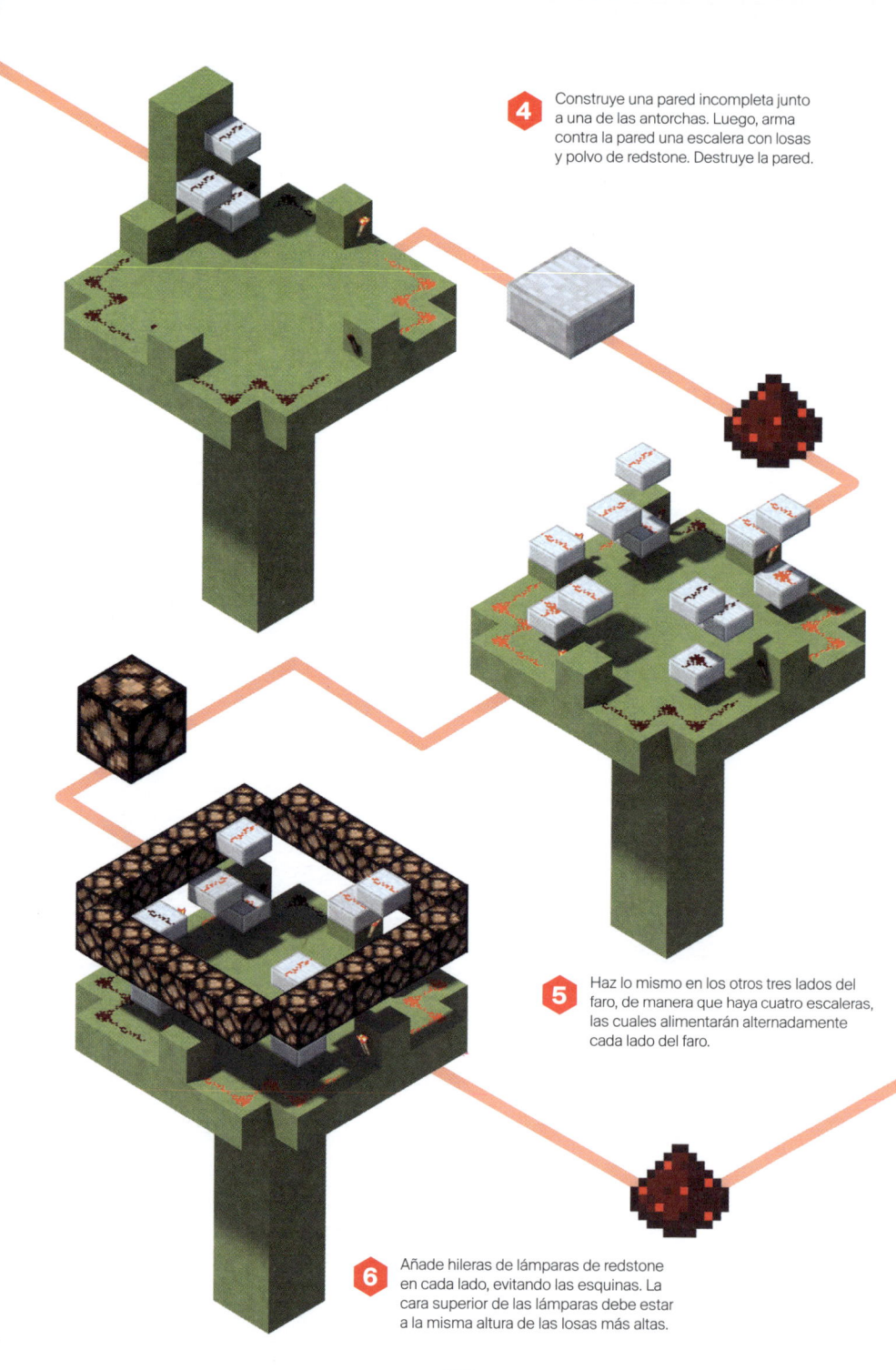

**8** Finalmente, completa la estructura en torno al mecanismo de reloj. Puedes usar bloques de media altura como peldaños y losas para llenar los espacios adyacentes al polvo de redstone, pero ten cuidado de no interrumpir la conexión al colocarlos.

**7** Tiende polvo de redstone de las losas a las lámparas. Cuando el reloj de antorchas encienda y apague cada sección, las lámparas se encenderán y apagarán con ellas.

# PALABRAS FINALES

¡Lo lograste! Seguramente ya sabes distinguir entre comparadores y repetidores, circuitos de pulso y circuitos de reloj, y sabes cómo montar una tolva, un soltador o un exhibidor. Este conocimiento privilegiado te permitirá construir dispositivos que realizarán los cálculos más complicados, propulsarán a los jugadores a nuevas alturas, y encenderán tu imaginación (junto con algunas criaturas hostiles). La elección es tuya; las posibilidades, infinitas. ¿Qué construirás a continuación? Estamos impacientes por verlo.

MARSH DAVIES
**EQUIPO MOJANG**

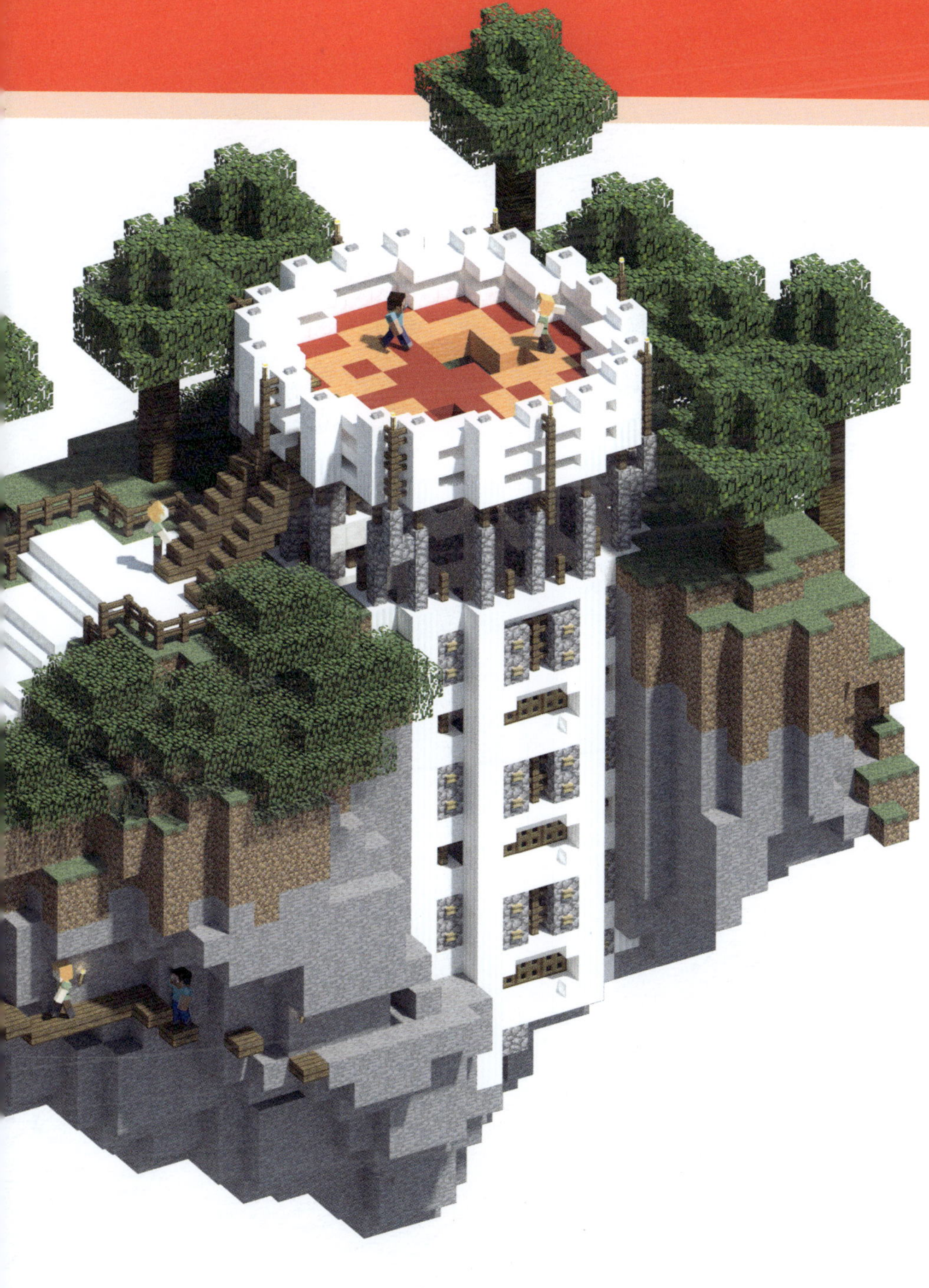